LAMP

학습플래너

박동혁 저

LAMP Study Planner

기본시간표
Basic Schedule

주간계획표
Weekly Planner

일일계획표
Daily Planner

학지사

성취도 확인하기

제대로 된 계획을 세우는 것도 중요하지만, 실천이 따르지 않으면 아무 소용이 없습니다. 실제 공부시간을 파악하여 성취도를 확인함으로써 실천력을 높일 수 있습니다. 1주일 동안 실천한 항목 개수를 계산해서 오른쪽과 같이 성취도를 구할 수 있습니다. 그리고 그래프 오른쪽에는 실천한 학습량을 기록합니다.

$$성취도(\%) = \frac{실천\ 항목의\ 수}{전체\ 계획의\ 수} \times 100$$

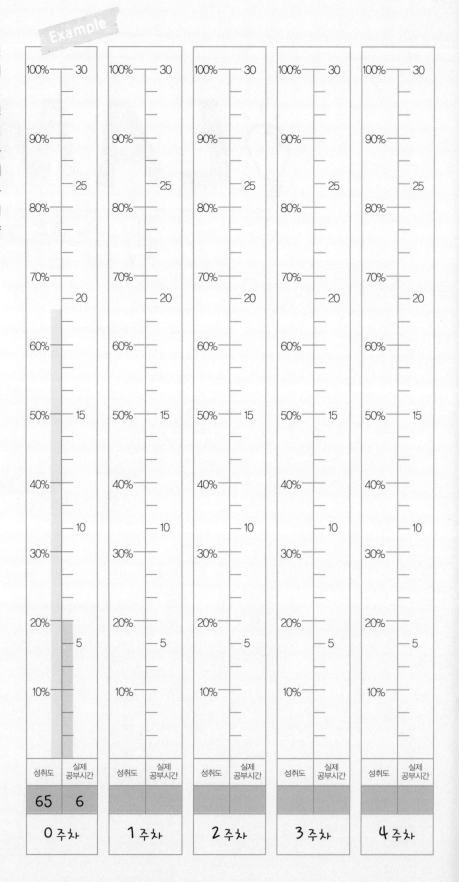

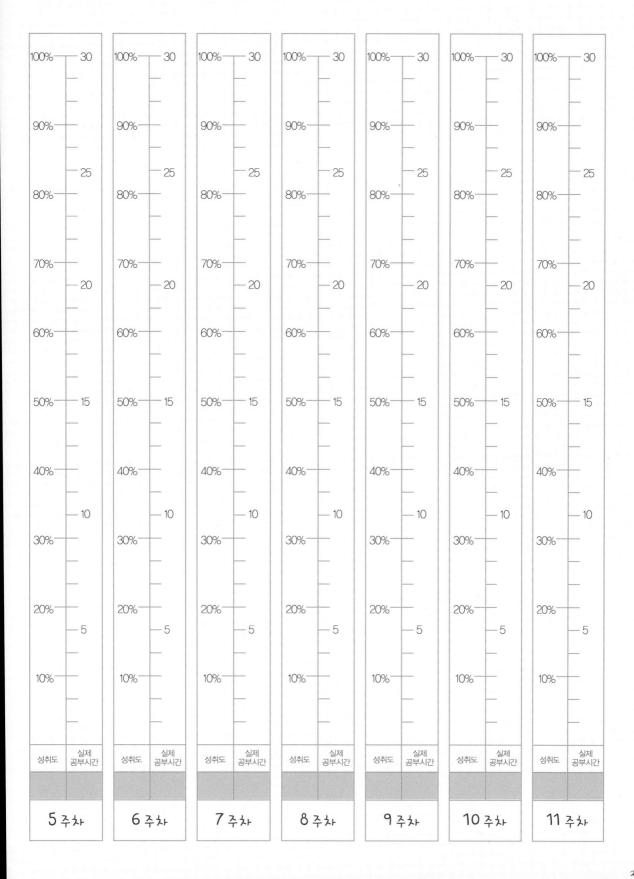

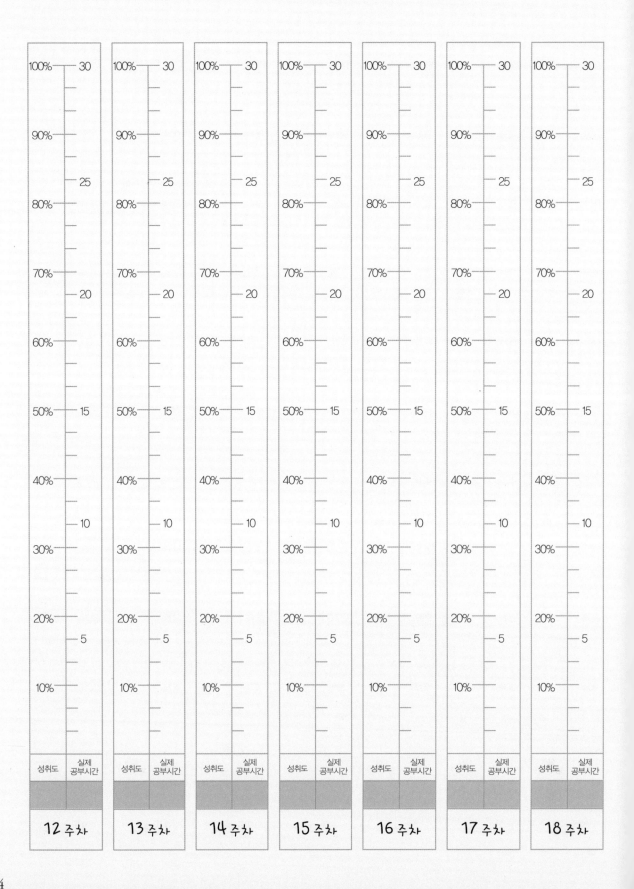

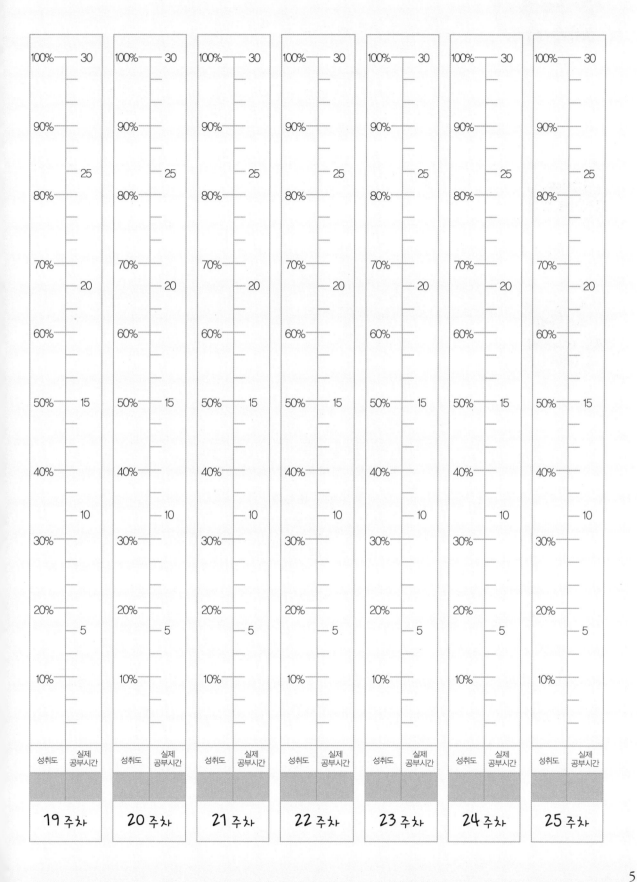

성적목표 세우기

성적목표 세우기 3단계

성적목표란 자신의 꿈과 희망 또는 직업이 아니라 다음 시험에서 받고 싶은 실현 가능한 평균점수, 전교석차, 백분율을 말합니다. 예를 들어, 중학교 3학년 철수의 경우는 다음 기말고사에서 중간고사 평균 80점보다 5점 높은 평균 85점을 얻는 것을 자신의 성적목표로 삼았습니다.

성적목표 세우기 3 step

1step
성적목표 잡기

자신의 성적목표를 써 보자.

Practice

2step
목표 달성방법 상상하기

자신이 정한 성적목표 달성방법을 적어 보자.

Practice

공부 하고픈 의욕을 만들기 위해 성적목표를
달성하는 장면을 상상합니다.
어떻게 하면 좋을까요?
성적목표를 실현하는 과정을
이미지로 만들어야 합니다.

성적목표가 달성될 때를 상상한 경우

"자~~ 생각해 보자.
기말고사에서 평균 95점을
받아 부모님과 선생님에게
인정받는 나의모습!!
열심히 공부하자!!"

〈나쁜 예〉　　〈좋은 예〉

성적목표 달성방법을 상상한 경우

이번 기말고사에서 중간고사보다
평균 5점을 올리기 위해 나는
지금 평균을 낮추는 사회와
수학을 공부하고 있다. 사회는
복습을 철저히 하고, 수학은 문제
를 많이 풀면서 오답노트를
정리하고 있다.

물론 잠시 공부에 대한 의욕이 생길 수 있지만 성적목표를 위해 지금 당장 내가 해야 할 구체적인 계획과 행동이 없기 때문에 그저 희망이 되어 버립니다.

이렇게 성적목표를 이루기 위해 공부하고 있는 모습을 구체적인 이미지로 만들어 적어 봅시다.

3 step
단계별 성적목표 세우기

성적목표
만들기

성적목표 실천과정을 이미지로 만들었다면 이제 그 과정을 단계로 나누어 봅시다.
예를 들어, 책상정리, 서랍정리, 바닥청소, 쓰레기통 비우기 등 여러 가지 일들을 하나씩
순서대로 해야 '방 청소하기'라는 최종 목표를 이룰 수 있겠지요? 마치 계단을 하나씩 올라가듯이
목표와 꿈은 단계를 가지게 됩니다. 아래 그림은 성적목표 이미지 만들기에서 설명한 내용을
단계별 성적목표로 만든 것입니다.

Example

이번 기말고사에서 중간고사
보다 평균 5점을 올리기 위해
평균을 낮추는 사회와 수학을
공부하고 있다. 사회는 복습을
철저히 하고, 수학은 문제를 많
이 풀면서 오답노트를 정리하
고 있다.

장기 목표
기말고사에서 평균 5점 향상

중기 목표
사회과목 공부

중기 목표
수학과목 공부

단기 목표
사회 복습

단기 목표
EBS 시청

단기 목표
사회 복습

단기 목표
문제 풀이

단기 목표
오답 정리

단기 목표
문제 풀이

Practice

자신의 성적목표 달성방법을
단계별 성적목표에 넣어 보자.

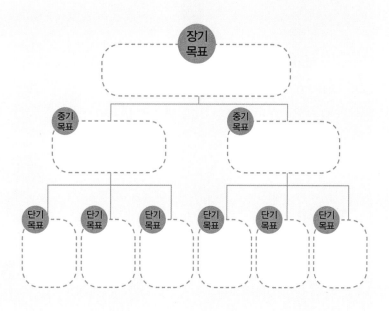

장기 목표

중기 목표

중기 목표

단기 목표

단기 목표

단기 목표

단기 목표

단기 목표

단기 목표

정해진 장기목표, 중기목표를 주간
계획표의 나의 진로 목표란과 성적
목표란에 적으면 됩니다. 단기목표
는 일일계획표에 적습니다.

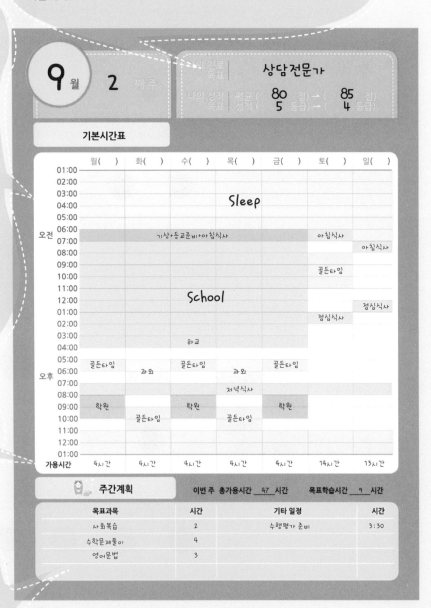

플래너 예제

진로목표와 기본시간표는 이렇게!

1step

기본시간표 위에 위치한 나의 성적목표를 쓰는 칸에 단계별 성적목표 중 장기목표에 해당하는 '다음 시험에서 받고 싶은 평균점수와 등급' 등을 기록합니다.

2step

기본시간표에는 일주일간 생활을 하면서 반복적으로 하게 되는 '이미 짜여 있는 일들'을 기록합니다. 예를 들어, 잠자기 시작한 시간과 일어난 시간에 색연필 등으로 표시하고 항목을 적습니다. '골든타임'이란 집중에 유리한 시간을 말합니다. 내가 하루 중 가장 집중을 잘 할 수 있는 시간은 언제인지 생각해 보세요. 보통 예제와 같은 조건이 충족되는 시간이 가장 집중하기 좋은 때입니다. 앞으로는 이 골든타임에 맞춰 효율적으로 공부하는 것이 좋습니다. 따라서 총 골든타임 시간은 자신의 일주일간 목표 학습시간과 대략 비슷해야 합니다.

3step

가용시간을 체크해 봅니다.
(실제 사용할 수 있는 시간)

4step

주간계획에는 일주일간 해야 할 공부목표를 기록합니다. 평소에 어떤 공부를 해야 하는지는 이미 단계별 성적목표 세우기 중 '중기목표'인 '목표과목 정하기'에서 결정했습니다.

9월 2째주

나의 진로목표	상담전문가
나의 성적목표	평균 80 점 → (85 점) 성적 5 등급 → (4 등급)

기본시간표

	월( )	화( )	수( )	목( )	금( )	토( )	일( )
01:00							
02:00							
03:00			Sleep				
04:00							
05:00							
06:00 오전	기상+등교준비+아침식사					아침식사	
07:00							아침식사
08:00							
09:00						골든타임	
10:00							
11:00			School				
12:00							점심식사
01:00						점심식사	
02:00							
03:00			하교				
04:00							
05:00 오후	골든타임		골든타임		골든타임		
06:00		과외		과외			
07:00				저녁식사			
08:00							
09:00	학원		학원		학원		
10:00		골든타임		골든타임			
11:00							
12:00							
01:00							
가용시간	4시간	4시간	4시간	4시간	4시간	14시간	13시간

주간계획

이번 주 총가용시간 __47__ 시간   목표학습시간 __9__ 시간

목표과목	시간	기타 일정	시간
사회복습	2	수행평가 준비	3:30
수학문제풀이	4		
영어문법	3		

진로목표와 기본시간표 넣어 보기

앞에서 본 기본시간표를 순서에 따라 또박또박 적어 넣어 봅시다. 알록달록 자신의 취향대로 보기 좋게 꾸며 보면 훨씬 더 하루하루가 기대되겠죠!

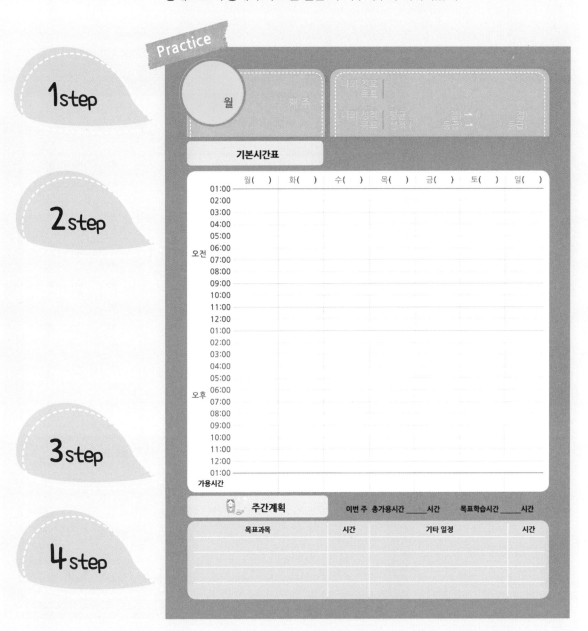

일일계획표 예제

단기목표 기록하기/일일계획 세우기

1step

오늘 날짜를 적고 공부할 준비가 됐는지 스스로 점검해 봅니다.

2step

목표설정에서 '단기목표'에 해당하는 부분을 적어 둡니다. 시간을 체크하여 효율적으로 활용하고, 잘 실천했는지 ○△×로 표시해 보세요.

3step

특이사항을 메모하거나 여러 가지 잡생각을 적으며 정리하는 '메모/잡생각 휴지통'
하루를 보람차게 보낸 자신에게 주는 특별 서비스 '놀이 계획'
하루의 깔끔한 마무리를 위한 '하루 평가'

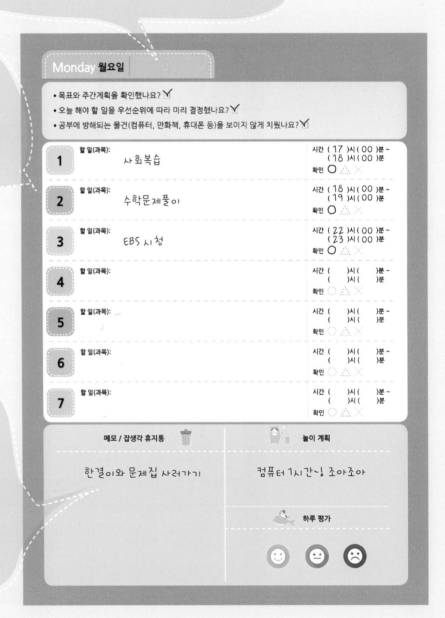

Monday 월요일

- 목표와 주간계획을 확인했나요? ✔
- 오늘 해야 할 일을 우선순위에 따라 미리 결정했나요? ✔
- 공부에 방해되는 물건(컴퓨터, 만화책, 휴대폰 등)을 보이지 않게 치웠나요? ✔

	할 일(과목)	시간	확인
1	사회복습	(17)시 (00)분 ~ (18)시 (00)분	○ △ ×
2	수학문제풀이	(18)시 (00)분 ~ (19)시 (00)분	○ △ ×
3	EBS 시청	(22)시 (00)분 ~ (23)시 (00)분	○ △ ×
4		( )시 ( )분 ~ ( )시 ( )분	○ △ ×
5		( )시 ( )분 ~ ( )시 ( )분	○ △ ×
6		( )시 ( )분 ~ ( )시 ( )분	○ △ ×
7		( )시 ( )분 ~ ( )시 ( )분	○ △ ×

메모 / 잡생각 휴지통

한결이와 문제집 사러가기

놀이 계획

컴퓨터 1시간~응 조아조아

하루 평가

☺ 😐 ☹

일일계획 세우기 연습

일일계획표
만들기

※ 가장 집중이 잘되는 시간을 파악하여, 중요한 과목을 공부하세요.

요일	월	일

- 목표와 주간계획을 확인했나요? ☐
- 오늘 해야 할 일을 우선순위에 따라 미리 결정했나요? ☐
- 공부에 방해되는 물건(컴퓨터, 만화책, 휴대폰 등)을 보이지 않게 치웠나요? ☐

1 할 일(과목):   시간 ( )시 ( )분 ~ ( )시 ( )분
확인 ○ △ ×

2 할 일(과목):   시간 ( )시 ( )분 ~ ( )시 ( )분
확인 ○ △ ×

3 할 일(과목):   시간 ( )시 ( )분 ~ ( )시 ( )분
확인 ○ △ ×

4 할 일(과목):   시간 ( )시 ( )분 ~ ( )시 ( )분
확인 ○ △ ×

5 할 일(과목):   시간 ( )시 ( )분 ~ ( )시 ( )분
확인 ○ △ ×

6 할 일(과목):   시간 ( )시 ( )분 ~ ( )시 ( )분
확인 ○ △ ×

7 할 일(과목):   시간 ( )시 ( )분 ~ ( )시 ( )분
확인 ○ △ ×

메모 / 잡생각 휴지통 🗑

놀이 계획

하루 평가

☺ 😐 ☹

실천 가능한 계획표 만들기

1st 욕심을 부려서는 안 됩니다.

기본시간표를 만들면 자신이 스스로 계획해서 쓸 수 있는 시간의 양을 알 수 있는데, 처음에는 그중에서 20% 정도만 '자기공부'에 사용하는 것이 바람직합니다. 그 이상은 사실 지키기 힘들거든요. 예를 들어, 꼭 해야 하는 일들을 빼고 일주일에 50시간 정도의 '가용시간'이 있다면 이중에 10시간 정도만 공부계획을 세우는 것입니다. 시간은 나중에 조금씩 늘려 가면서 말이죠!

2nd 실패는 당연한 것입니다.

충분히 지킬 수 있을 것 같은 계획도 막상 세워 놓고 실천해 보면 마음대로 되지 않을 때가 많지요? 누구나 그럴 수 있는 것이니까 실망할 필요는 없습니다. 처음 한두 달은 잘 지켜지지 않는 이유를 찾아 조금씩 개선해 나간다는 마음으로 하는 것이 좋아요.

3rd 최소한 세 달 이상은 해야 습관이 될 수 있습니다.

한두 번 하고 그치면 좋은 습관을 만들 수 없습니다. 이것은 운동을 하는 것과 비슷합니다. 운동을 통해 탄탄한 근육과 날씬한 몸매를 가꾸는 것은 멋진 일이지만 최소한 몇 달, 몇 년은 해야 효과를 얻을 수 있지요. 하물며 우리 친구들의 인생을 바꿀 수도 있는 시간관리 방법이 하루아침에 될 리는 없다는 것을 명심합시다.

실천 Tip !!

★ 시간표를 눈에 잘 보이는 곳에 붙여 놓는다.

★ 하루 전에 해야 할 일들을 미리 정해 놓는다.

★ 먼저 공부하고 그 다음에 논다.

★ 우선순위를 정해서 무조건 제일 중요한 일부터 한다.

★ 분량을 작게 나누어 공부한다.

★ 스스로 약속을 만들어서 잘 지켰을 때는 자신에게 상을 준다.

★ 부모님이나 친한 친구와 함께 만들어서 실천한다.

시험 계획의 원칙

시험이 발표되면 갑자기 해야 할 공부가 많아지는 느낌이 들고 긴장과 스트레스를 받게
됩니다. 이런 상태에서는 손에 잡히는 것부터 벼락치기로 공부하게 됩니다. 이런 문제를
해결할 수 있는 최선의 해결책은 미리 계획을 세우는 것입니다.
시험계획은 평상시 시간관리와는 다른 요령이 필요합니다.
그 이유는 주어진 짧은 시간 동안 많은 내용을 정리해야 하고 최대한 좋은 결과를 이끌어내야
하기 때문입니다. 시험계획을 세우는 몇 가지 원칙을 먼저 살펴봅시다.

1 분산학습

'한 번에 몰아서 할까? 아니면 나누어서 공부할까?'

벼락치기와 같이 많은 양의 공부를 하루에 몰아서 하게 되면 쉽게 지치고 집중력도 떨어집니다. 또한 과식을 하면
소화가 안되듯이 한꺼번에 많은 정보를 머릿속에 집어넣으려고 하면 기억이 잘되지 않는 문제도 일어납니다. 그래
서 시험공부는 '나누어서 공부하는 것'이 가장 효과적입니다. 전체 시험범위를 여러 날에 걸쳐 여러 번 나누어 공부
할 수 있도록 계획을 세워야 합니다.

2 반복학습

'한 번만 공부하고 말 것인가? 여러 번 반복할 것인가?'

기억은 머릿속에 흔적을 남기는 것입니다. 한번 지나가는 것만으로는 길이 만들어지지 않습니다. 시험 때까지 강한
기억을 만들고 싶다면 같은 내용을 '여러 번 반복해서' 공부해야 합니다.

이상의 두 가지 원칙만 잘 명심하고 있으면 똑같은 시간을 투자했을 때 더 효과적으로 공부할 수 있는 시험계획을
세울 수 있으며, 이것을 6 : 3 : 1 법칙이라고 부릅니다.

시험 준비 방법

6:3:1 법칙은 시험 시작일까지 남아 있는 기간을 6:3:1로 나누어 준비하는 것을 의미합니다. 예를 들어, 지금부터 시험 시작까지 10일이 남아 있다면 처음 6일 동안, 그 다음 3일 동안, 마지막 1일 동안 세 단계로 나누어 계획을 세우는 것입니다.

각 단계별로 해야 할 일은 다음과 같이 정리할 수 있습니다.

시험 기간	처음 60%	그 다음 30%	마지막 10%
해야 할 일	전체 과목의 내용을 이해하고 요약하기	문제풀이를 통한 확인	최종점검 요약
공부의 재료	노트, 교과서, 참고서, 프린트물	문제집, 참고서, 기출문제	정리한 노트, 오답노트
공부 방법	정독하기, 이해하기, 암송하기	문제풀이, 오답노트 만들기	틀린 부분이나 중요한 부분만 확인하기, 암송하기

본격적인 시험의 준비는 다음 세 단계로 이루어집니다.

1단계 시험에 대한 정보 모으기

2단계 날짜 / 분량 나누기

3단계 시험 계획을 플래너에 옮기기

시험 정보 넣기

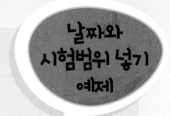

날짜와
시험범위 넣기
예제

시험에 대한 정보를 일정과 교시, 과목, 범위 순으로 넣어 봅니다.

날짜와 시험범위 넣기 예제

Example

일정	교시	과목	범위
1 Day 4/25	1	국어	단원1~단원3
	2	기술, 가정	2과~4과
	3		
	4		
2 Day 4/26	1	수학	pp.1-66
	2	한문	1과~5과
	3		
	4		
3 Day 4/27	1	영어	1과~4과
	2	도덕	pp.1-57
	3		
	4		
4 Day 4/28	1	사회	pp.1-47
	2	과학	pp.8-19, pp.36-38
	3		
	4		

날짜,
분량 나누기
예제

시험날짜와 분량 나누기

시험에 대한 정보 모으기가 끝나면 시험범위에 따라 날짜와 분량을 6:3:1의 비율로 나누어 봅시다.

날짜와 분량 나누기 예제

Example

날짜	4월 9일/D-day 16	4월 10일/D-day 15	4월 11일/D-day 14	4월 12일/D-day 13
과목 분량	국어 단원1 수학 pp.1-20 기.가 2과	국어 단원2 수학 pp.21-40 기.과 3과	국어 단원3 수학 pp.41-66 기.가 4과	국어 단원3 영어 1과 한문 1-2과
날짜	4월 13일/D-day 12	4월 14일/D-day 11	4월 15일/D-day 10	4월 16일/D-day 9
과목 분량	영어 2과 사회 pp.1-10 한문 3과	영어 3과 사회 pp.11-20 한문 4과	영어 4과 사회 pp.21-30 과학 pp.8-19	사회 pp.31-47 과학 pp.36-60 도덕 pp.21-57
날짜	4월 17일/D-day 8	4월 18일/D-day 7	4월 19일/D-day 6	4월 20일/D-day 5
과목 분량	과학 pp.61-81 도덕 pp.21-57 60%	국어 1-2과 기.가 2-3과	국어 3과 수학 pp.1-30 기.가 3-4과	수학 pp.31-66 영어 1-2과 한문 1-3과
날짜	4월 21일/D-day 4	4월 22일/D-day 3	4월 23일/D-day 2	4월 24일/D-day 1
과목 분량	영어 3-4과 사회 pp.1-25 한문 4-5과	사회 pp.26-47 과학 pp.8-19 도덕 pp.1-20	과학 pp.36-81 도덕 pp.21-57 30%	국어 총정리 기.가 총정리
날짜	4월 25일/D-day 0	4월 26일/D-day 0	4월 27일/D-day 0	4월 28일/D-day 0
과목 분량	수학 총정리 한문 총정리	영어 총정리 도덕 총정리	사회 총정리 과학 총정리	10%

만일 오늘부터 시험 시작일까지 10일이 주어졌다면, 아래와 같이 6:3:1의 비율로 날짜를 나누어 봅시다.

시험범위와 일정, 준비 단계를 나누었다면 거기에 맞게 분량을 나누어 봅시다. 하루에 2~3과목 정도가 고르게 분산되도록 단계별로 나누면 됩니다.

이제까지 세운 계획은 이번 시험을 준비하기 위한 커다란 전략과 지침에 해당됩니다. 이제 남은 것은 해야 할 일을 '언제, 무엇을, 얼마나' 할 것인지 정확하게 기록하는 것입니다. 시험 보는 주에 해당되는 플래너에 그날 그날 해야 할 시험범위를 시간대에 맞게 꼼꼼히 기록해 봅시다. 또한 시험기간인 만큼 목표 학습시간은 따로 정할 필요가 없으며 시험범위의 공부를 다 마치는 것을 목표로 공부해 나가야 합니다.

시험에서 실수하지 않는 요령

※ 참고하세요!!!

★ 시험지를 받으면 문제를 풀기 전에 전체 문제를 한번 대강 훑어봅니다. 이를 통해 문제수, 난이도, 시간을 예상합니다.

★ 문제가 명확하지 않고 애매한 것 같으면 선생님께 질문합니다.

★ 순서대로 풀어 나가되, 어렵거나 잘 생각나지 않는 문제는 따로 표시했다가 아는 문제 먼저 풀고, 나중에 다시 확인합니다.

★ '~아닌' '거리가 먼' 과 같은 단어가 포함된 문제는 특히 주의해서 밑줄을 그어 가며 읽습니다.

★ 여러 개의 정의나 내용이 들어 있는 문장의 경우에는 그중의 한 개만 틀려도 그것은 참이 아니므로 주의해야 합니다.

★ 문제풀이가 끝나면 마지막 몇 분 동안 전체적으로 검토하고 빠진 것은 없는지 다시 한 번 확인합니다.

시험 대비 계획표

시험 정보 준비

일정	교시	과목	범위
1 Day 월 일	1		
	2		
	3		
	4		
2 Day 월 일	1		
	2		
	3		
	4		
3 Day 월 일	1		
	2		
	3		
	4		
4 Day 월 일	1		
	2		
	3		
	4		

날짜/분량 나누기

날짜	/D-day	/D-day	/D-day	/D-day
과목 분량				
날짜	/D-day	/D-day	/D-day	/D-day
과목 분량				
날짜	/D-day	/D-day	/D-day	/D-day
과목 분량				
날짜	/D-day	/D-day	/D-day	/D-day
과목 분량				
날짜	/D-day	/D-day	/D-day	/D-day
과목 분량				

자!
시작해 볼까요?

월   째 주

나의 진로 |
목표 |

나의 성적 | 평균 (점) ─ (점)
목표 | 성적 (등급) ─ (등급)

기본시간표

	월( )	화( )	수( )	목( )	금( )	토( )	일( )
01:00							
02:00							
03:00							
04:00							
05:00							
오전 06:00							
07:00							
08:00							
09:00							
10:00							
11:00							
12:00							
01:00							
02:00							
03:00							
04:00							
05:00							
오후 06:00							
07:00							
08:00							
09:00							
10:00							
11:00							
12:00							
01:00							

가용시간

주간계획

이번 주 총가용시간 _____ 시간   목표학습시간 _____ 시간

목표과목	시간	기타 일정	시간

Monday 월요일 　　　월　　　일

- 목표와 주간계획을 확인했나요? □
- 오늘 해야 할 일을 우선순위에 따라 미리 결정했나요? □
- 공부에 방해되는 물건(컴퓨터, 만화책, 휴대폰 등)을 보이지 않게 치웠나요? □

1 　할 일(과목): 　　　　　　　　　　　　　　　　　　　시간 (　)시 (　)분 ~
　　　　　　　　　　　　　　　　　　　　　　　　　　　　　 (　)시 (　)분
　　　　　　　　　　　　　　　　　　　　　　　　　　　　확인 ○ △ ✕

2 　할 일(과목): 　　　　　　　　　　　　　　　　　　　시간 (　)시 (　)분 ~
　　　　　　　　　　　　　　　　　　　　　　　　　　　　　 (　)시 (　)분
　　　　　　　　　　　　　　　　　　　　　　　　　　　　확인 ○ △ ✕

3 　할 일(과목): 　　　　　　　　　　　　　　　　　　　시간 (　)시 (　)분 ~
　　　　　　　　　　　　　　　　　　　　　　　　　　　　　 (　)시 (　)분
　　　　　　　　　　　　　　　　　　　　　　　　　　　　확인 ○ △ ✕

4 　할 일(과목): 　　　　　　　　　　　　　　　　　　　시간 (　)시 (　)분 ~
　　　　　　　　　　　　　　　　　　　　　　　　　　　　　 (　)시 (　)분
　　　　　　　　　　　　　　　　　　　　　　　　　　　　확인 ○ △ ✕

5 　할 일(과목): 　　　　　　　　　　　　　　　　　　　시간 (　)시 (　)분 ~
　　　　　　　　　　　　　　　　　　　　　　　　　　　　　 (　)시 (　)분
　　　　　　　　　　　　　　　　　　　　　　　　　　　　확인 ○ △ ✕

6 　할 일(과목): 　　　　　　　　　　　　　　　　　　　시간 (　)시 (　)분 ~
　　　　　　　　　　　　　　　　　　　　　　　　　　　　　 (　)시 (　)분
　　　　　　　　　　　　　　　　　　　　　　　　　　　　확인 ○ △ ✕

7 　할 일(과목): 　　　　　　　　　　　　　　　　　　　시간 (　)시 (　)분 ~
　　　　　　　　　　　　　　　　　　　　　　　　　　　　　 (　)시 (　)분
　　　　　　　　　　　　　　　　　　　　　　　　　　　　확인 ○ △ ✕

메모 / 잡생각 휴지통 　　　　　　 놀이 계획

 하루 평가

- 목표와 주간계획을 확인했나요? ☐
- 오늘 해야 할 일을 우선순위에 따라 미리 결정했나요? ☐
- 공부에 방해되는 물건(컴퓨터, 만화책, 휴대폰 등)을 보이지 않게 치웠나요? ☐

1   할 일(과목):   시간 ( )시 ( )분 ~ ( )시 ( )분   확인 ○ △ ✕

2   할 일(과목):   시간 ( )시 ( )분 ~ ( )시 ( )분   확인 ○ △ ✕

3   할 일(과목):   시간 ( )시 ( )분 ~ ( )시 ( )분   확인 ○ △ ✕

4   할 일(과목):   시간 ( )시 ( )분 ~ ( )시 ( )분   확인 ○ △ ✕

5   할 일(과목):   시간 ( )시 ( )분 ~ ( )시 ( )분   확인 ○ △ ✕

6   할 일(과목):   시간 ( )시 ( )분 ~ ( )시 ( )분   확인 ○ △ ✕

7   할 일(과목):   시간 ( )시 ( )분 ~ ( )시 ( )분   확인 ○ △ ✕

메모 / 잡생각 휴지통

 놀이 계획

 하루 평가

Wednesday 수요일 | 월 일

- 목표와 주간계획을 확인했나요? ☐
- 오늘 해야 할 일을 우선순위에 따라 미리 결정했나요? ☐
- 공부에 방해되는 물건(컴퓨터, 만화책, 휴대폰 등)을 보이지 않게 치웠나요? ☐

1 할 일(과목):
시간 (   )시 (   )분 ~
(   )시 (   )분
확인 ○ △ ✕

2 할 일(과목):
시간 (   )시 (   )분 ~
(   )시 (   )분
확인 ○ △ ✕

3 할 일(과목):
시간 (   )시 (   )분 ~
(   )시 (   )분
확인 ○ △ ✕

4 할 일(과목):
시간 (   )시 (   )분 ~
(   )시 (   )분
확인 ○ △ ✕

5 할 일(과목):
시간 (   )시 (   )분 ~
(   )시 (   )분
확인 ○ △ ✕

6 할 일(과목):
시간 (   )시 (   )분 ~
(   )시 (   )분
확인 ○ △ ✕

7 할 일(과목):
시간 (   )시 (   )분 ~
(   )시 (   )분
확인 ○ △ ✕

메모 / 잡생각 휴지통

 놀이 계획

 하루 평가

Thursday 목요일   월   일

- 목표와 주간계획을 확인했나요? ☐
- 오늘 해야 할 일을 우선순위에 따라 미리 결정했나요? ☐
- 공부에 방해되는 물건(컴퓨터, 만화책, 휴대폰 등)을 보이지 않게 치웠나요? ☐

1 할 일(과목):
시간 ( )시 ( )분 ~
( )시 ( )분
확인 ○ △ ✕

2 할 일(과목):
시간 ( )시 ( )분 ~
( )시 ( )분
확인 ○ △ ✕

3 할 일(과목):
시간 ( )시 ( )분 ~
( )시 ( )분
확인 ○ △ ✕

4 할 일(과목):
시간 ( )시 ( )분 ~
( )시 ( )분
확인 ○ △ ✕

5 할 일(과목):
시간 ( )시 ( )분 ~
( )시 ( )분
확인 ○ △ ✕

6 할 일(과목):
시간 ( )시 ( )분 ~
( )시 ( )분
확인 ○ △ ✕

7 할 일(과목):
시간 ( )시 ( )분 ~
( )시 ( )분
확인 ○ △ ✕

메모 / 잡생각 휴지통

 놀이 계획

 하루 평가

- 목표와 주간계획을 확인했나요? ☐
- 오늘 해야 할 일을 우선순위에 따라 미리 결정했나요? ☐
- 공부에 방해되는 물건(컴퓨터, 만화책, 휴대폰 등)을 보이지 않게 치웠나요? ☐

1 할 일(과목):

시간 (　)시 (　)분 ~
　　 (　)시 (　)분
확인 ○ △ ✕

2 할 일(과목):

시간 (　)시 (　)분 ~
　　 (　)시 (　)분
확인 ○ △ ✕

3 할 일(과목):

시간 (　)시 (　)분 ~
　　 (　)시 (　)분
확인 ○ △ ✕

4 할 일(과목):

시간 (　)시 (　)분 ~
　　 (　)시 (　)분
확인 ○ △ ✕

5 할 일(과목):

시간 (　)시 (　)분 ~
　　 (　)시 (　)분
확인 ○ △ ✕

6 할 일(과목):

시간 (　)시 (　)분 ~
　　 (　)시 (　)분
확인 ○ △ ✕

7 할 일(과목):

시간 (　)시 (　)분 ~
　　 (　)시 (　)분
확인 ○ △ ✕

메모 / 잡생각 휴지통

 놀이 계획

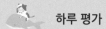 하루 평가

Saturday 토요일　　월　　일

- 목표와 주간계획을 확인했나요? ☐
- 오늘 해야 할 일을 우선순위에 따라 미리 결정했나요? ☐
- 공부에 방해되는 물건(컴퓨터, 만화책, 휴대폰 등)을 보이지 않게 치웠나요? ☐

1 할 일(과목):
시간 ( )시 ( )분 ~ ( )시 ( )분
확인 ○ △ ✕

2 할 일(과목):
시간 ( )시 ( )분 ~ ( )시 ( )분
확인 ○ △ ✕

3 할 일(과목):
시간 ( )시 ( )분 ~ ( )시 ( )분
확인 ○ △ ✕

4 할 일(과목):
시간 ( )시 ( )분 ~ ( )시 ( )분
확인 ○ △ ✕

5 할 일(과목):
시간 ( )시 ( )분 ~ ( )시 ( )분
확인 ○ △ ✕

6 할 일(과목):
시간 ( )시 ( )분 ~ ( )시 ( )분
확인 ○ △ ✕

7 할 일(과목):
시간 ( )시 ( )분 ~ ( )시 ( )분
확인 ○ △ ✕

메모 / 잡생각 휴지통

 놀이 계획

 하루 평가

Sunday 일요일   월   일

- 목표와 주간계획을 확인했나요? ☐
- 오늘 해야 할 일을 우선순위에 따라 미리 결정했나요? ☐
- 공부에 방해되는 물건(컴퓨터, 만화책, 휴대폰 등)을 보이지 않게 치웠나요? ☐

1 할 일(과목): 　　　　　　　　　　　　　　　　시간 ( )시 ( )분 ~
　　　　　　　　　　　　　　　　　　　　　　　　( )시 ( )분
　　　　　　　　　　　　　　　　　　　　　　확인 ○ △ ✕

2 할 일(과목): 　　　　　　　　　　　　　　　　시간 ( )시 ( )분 ~
　　　　　　　　　　　　　　　　　　　　　　　　( )시 ( )분
　　　　　　　　　　　　　　　　　　　　　　확인 ○ △ ✕

3 할 일(과목): 　　　　　　　　　　　　　　　　시간 ( )시 ( )분 ~
　　　　　　　　　　　　　　　　　　　　　　　　( )시 ( )분
　　　　　　　　　　　　　　　　　　　　　　확인 ○ △ ✕

4 할 일(과목): 　　　　　　　　　　　　　　　　시간 ( )시 ( )분 ~
　　　　　　　　　　　　　　　　　　　　　　　　( )시 ( )분
　　　　　　　　　　　　　　　　　　　　　　확인 ○ △ ✕

5 할 일(과목): 　　　　　　　　　　　　　　　　시간 ( )시 ( )분 ~
　　　　　　　　　　　　　　　　　　　　　　　　( )시 ( )분
　　　　　　　　　　　　　　　　　　　　　　확인 ○ △ ✕

6 할 일(과목): 　　　　　　　　　　　　　　　　시간 ( )시 ( )분 ~
　　　　　　　　　　　　　　　　　　　　　　　　( )시 ( )분
　　　　　　　　　　　　　　　　　　　　　　확인 ○ △ ✕

7 할 일(과목): 　　　　　　　　　　　　　　　　시간 ( )시 ( )분 ~
　　　　　　　　　　　　　　　　　　　　　　　　( )시 ( )분
　　　　　　　　　　　　　　　　　　　　　　확인 ○ △ ✕

메모 / 잡생각 휴지통

 놀이 계획

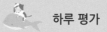 하루 평가

월   째 주

나의 진로 목표 |
나의 성적 목표 | 평균 (점) → (점)
             | 성적 (등급) → (등급)

기본시간표

	월( )	화( )	수( )	목( )	금( )	토( )	일( )
오전 01:00							
02:00							
03:00							
04:00							
05:00							
06:00							
07:00							
08:00							
09:00							
10:00							
11:00							
12:00							
오후 01:00							
02:00							
03:00							
04:00							
05:00							
06:00							
07:00							
08:00							
09:00							
10:00							
11:00							
12:00							
01:00							

가용시간

주간계획

이번 주 총가용시간 _____ 시간   목표학습시간 _____ 시간

목표과목	시간	기타 일정	시간

Monday 월요일 | 월   일

- 목표와 주간계획을 확인했나요? ☐
- 오늘 해야 할 일을 우선순위에 따라 미리 결정했나요? ☐
- 공부에 방해되는 물건(컴퓨터, 만화책, 휴대폰 등)을 보이지 않게 치웠나요? ☐

1	할 일(과목):	시간 ( )시 ( )분 ~ ( )시 ( )분 확인 ○ △ X
2	할 일(과목):	시간 ( )시 ( )분 ~ ( )시 ( )분 확인 ○ △ X
3	할 일(과목):	시간 ( )시 ( )분 ~ ( )시 ( )분 확인 ○ △ X
4	할 일(과목):	시간 ( )시 ( )분 ~ ( )시 ( )분 확인 ○ △ X
5	할 일(과목):	시간 ( )시 ( )분 ~ ( )시 ( )분 확인 ○ △ X
6	할 일(과목):	시간 ( )시 ( )분 ~ ( )시 ( )분 확인 ○ △ X
7	할 일(과목):	시간 ( )시 ( )분 ~ ( )시 ( )분 확인 ○ △ X

메모 / 잡생각 휴지통

 놀이 계획

 하루 평가

Tuesday 화요일   월   일

- 목표와 주간계획을 확인했나요? ☐
- 오늘 해야 할 일을 우선순위에 따라 미리 결정했나요? ☐
- 공부에 방해되는 물건(컴퓨터, 만화책, 휴대폰 등)을 보이지 않게 치웠나요? ☐

1 할 일(과목):

시간 (   )시 (   )분 ~
     (   )시 (   )분
확인 ○ △ ✕

2 할 일(과목):

시간 (   )시 (   )분 ~
     (   )시 (   )분
확인 ○ △ ✕

3 할 일(과목):

시간 (   )시 (   )분 ~
     (   )시 (   )분
확인 ○ △ ✕

4 할 일(과목):

시간 (   )시 (   )분 ~
     (   )시 (   )분
확인 ○ △ ✕

5 할 일(과목):

시간 (   )시 (   )분 ~
     (   )시 (   )분
확인 ○ △ ✕

6 할 일(과목):

시간 (   )시 (   )분 ~
     (   )시 (   )분
확인 ○ △ ✕

7 할 일(과목):

시간 (   )시 (   )분 ~
     (   )시 (   )분
확인 ○ △ ✕

메모 / 잡생각 휴지통

 놀이 계획

 하루 평가

Wednesday 수요일   월   일

- 목표와 주간계획을 확인했나요? ☐
- 오늘 해야 할 일을 우선순위에 따라 미리 결정했나요? ☐
- 공부에 방해되는 물건(컴퓨터, 만화책, 휴대폰 등)을 보이지 않게 치웠나요? ☐

1 할 일(과목):

시간 (   )시 (   )분 ~
　　 (   )시 (   )분
확인 ○ △ ✕

2 할 일(과목):

시간 (   )시 (   )분 ~
　　 (   )시 (   )분
확인 ○ △ ✕

3 할 일(과목):

시간 (   )시 (   )분 ~
　　 (   )시 (   )분
확인 ○ △ ✕

4 할 일(과목):

시간 (   )시 (   )분 ~
　　 (   )시 (   )분
확인 ○ △ ✕

5 할 일(과목):

시간 (   )시 (   )분 ~
　　 (   )시 (   )분
확인 ○ △ ✕

6 할 일(과목):

시간 (   )시 (   )분 ~
　　 (   )시 (   )분
확인 ○ △ ✕

7 할 일(과목):

시간 (   )시 (   )분 ~
　　 (   )시 (   )분
확인 ○ △ ✕

메모 / 잡생각 휴지통

 놀이 계획

 하루 평가

Thursday 목요일　　　　월　　　일

1 할 일(과목):

시간 (　　)시 (　　)분 ~
　　　(　　)시 (　　)분
확인 ○ △ ✕

2 할 일(과목):

시간 (　　)시 (　　)분 ~
　　　(　　)시 (　　)분
확인 ○ △ ✕

3 할 일(과목):

시간 (　　)시 (　　)분 ~
　　　(　　)시 (　　)분
확인 ○ △ ✕

4 할 일(과목):

시간 (　　)시 (　　)분 ~
　　　(　　)시 (　　)분
확인 ○ △ ✕

5 할 일(과목):

시간 (　　)시 (　　)분 ~
　　　(　　)시 (　　)분
확인 ○ △ ✕

6 할 일(과목):

시간 (　　)시 (　　)분 ~
　　　(　　)시 (　　)분
확인 ○ △ ✕

7 할 일(과목):

시간 (　　)시 (　　)분 ~
　　　(　　)시 (　　)분
확인 ○ △ ✕

메모 / 잡생각 휴지통

 놀이 계획

 하루 평가

Friday 금요일   월   일

- 목표와 주간계획을 확인했나요? ☐
- 오늘 해야 할 일을 우선순위에 따라 미리 결정했나요? ☐
- 공부에 방해되는 물건(컴퓨터, 만화책, 휴대폰 등)을 보이지 않게 치웠나요? ☐

1   할 일(과목):   시간 ( )시 ( )분 ~ ( )시 ( )분
확인 ○ △ ✕

2   할 일(과목):   시간 ( )시 ( )분 ~ ( )시 ( )분
확인 ○ △ ✕

3   할 일(과목):   시간 ( )시 ( )분 ~ ( )시 ( )분
확인 ○ △ ✕

4   할 일(과목):   시간 ( )시 ( )분 ~ ( )시 ( )분
확인 ○ △ ✕

5   할 일(과목):   시간 ( )시 ( )분 ~ ( )시 ( )분
확인 ○ △ ✕

6   할 일(과목):   시간 ( )시 ( )분 ~ ( )시 ( )분
확인 ○ △ ✕

7   할 일(과목):   시간 ( )시 ( )분 ~ ( )시 ( )분
확인 ○ △ ✕

메모 / 잡생각 휴지통

 **놀이 계획**

 하루 평가

- 목표와 주간계획을 확인했나요? ☐
- 오늘 해야 할 일을 우선순위에 따라 미리 결정했나요? ☐
- 공부에 방해되는 물건(컴퓨터, 만화책, 휴대폰 등)을 보이지 않게 치웠나요? ☐

1 할 일(과목):

시간 ( )시 ( )분 ~
( )시 ( )분
확인 ○ △ ✕

2 할 일(과목):

시간 ( )시 ( )분 ~
( )시 ( )분
확인 ○ △ ✕

3 할 일(과목):

시간 ( )시 ( )분 ~
( )시 ( )분
확인 ○ △ ✕

4 할 일(과목):

시간 ( )시 ( )분 ~
( )시 ( )분
확인 ○ △ ✕

5 할 일(과목):

시간 ( )시 ( )분 ~
( )시 ( )분
확인 ○ △ ✕

6 할 일(과목):

시간 ( )시 ( )분 ~
( )시 ( )분
확인 ○ △ ✕

7 할 일(과목):

시간 ( )시 ( )분 ~
( )시 ( )분
확인 ○ △ ✕

메모 / 잡생각 휴지통

 놀이 계획

 하루 평가

- 목표와 주간계획을 확인했나요? ☐
- 오늘 해야 할 일을 우선순위에 따라 미리 결정했나요? ☐
- 공부에 방해되는 물건(컴퓨터, 만화책, 휴대폰 등)을 보이지 않게 치웠나요? ☐

1 할 일(과목):

시간 ( )시 ( )분 ~
( )시 ( )분
확인 ○ △ ✕

2 할 일(과목):

시간 ( )시 ( )분 ~
( )시 ( )분
확인 ○ △ ✕

3 할 일(과목):

시간 ( )시 ( )분 ~
( )시 ( )분
확인 ○ △ ✕

4 할 일(과목):

시간 ( )시 ( )분 ~
( )시 ( )분
확인 ○ △ ✕

5 할 일(과목):

시간 ( )시 ( )분 ~
( )시 ( )분
확인 ○ △ ✕

6 할 일(과목):

시간 ( )시 ( )분 ~
( )시 ( )분
확인 ○ △ ✕

7 할 일(과목):

시간 ( )시 ( )분 ~
( )시 ( )분
확인 ○ △ ✕

메모 / 잡생각 휴지통

 놀이 계획

 하루 평가

나의 진로
목표

나의 성적   평균 (점) ⇁ (점)
목표   성적 (등급) ⇁ (등급)

기본시간표

	월( )	화( )	수( )	목( )	금( )	토( )	일( )
01:00							
02:00							
03:00							
04:00							
05:00							
06:00							
07:00							
08:00							
09:00							
10:00							
11:00							
12:00							
01:00							
02:00							
03:00							
04:00							
05:00							
06:00							
07:00							
08:00							
09:00							
10:00							
11:00							
12:00							
01:00							

오전 / 오후

가용시간

🏠 주간계획

이번 주 총가용시간 _____ 시간   목표학습시간 _____ 시간

목표과목	시간	기타 일정	시간

Monday 월요일 ｜ 월 　일

- 목표와 주간계획을 확인했나요? ☐
- 오늘 해야 할 일을 우선순위에 따라 미리 결정했나요? ☐
- 공부에 방해되는 물건(컴퓨터, 만화책, 휴대폰 등)을 보이지 않게 치웠나요? ☐

	할 일(과목)	시간 / 확인
1	할 일(과목):	시간 ( )시 ( )분 ~ ( )시 ( )분 　 확인 ○ △ ✕
2	할 일(과목):	시간 ( )시 ( )분 ~ ( )시 ( )분 　 확인 ○ △ ✕
3	할 일(과목):	시간 ( )시 ( )분 ~ ( )시 ( )분 　 확인 ○ △ ✕
4	할 일(과목):	시간 ( )시 ( )분 ~ ( )시 ( )분 　 확인 ○ △ ✕
5	할 일(과목):	시간 ( )시 ( )분 ~ ( )시 ( )분 　 확인 ○ △ ✕
6	할 일(과목):	시간 ( )시 ( )분 ~ ( )시 ( )분 　 확인 ○ △ ✕
7	할 일(과목):	시간 ( )시 ( )분 ~ ( )시 ( )분 　 확인 ○ △ ✕

메모 / 잡생각 휴지통

 놀이 계획

 하루 평가

- 목표와 주간계획을 확인했나요? ☐
- 오늘 해야 할 일을 우선순위에 따라 미리 결정했나요? ☐
- 공부에 방해되는 물건(컴퓨터, 만화책, 휴대폰 등)을 보이지 않게 치웠나요? ☐

1 할 일(과목):

시간 (   )시 (   )분 ~
(   )시 (   )분
확인 ○ △ ✕

2 할 일(과목):

시간 (   )시 (   )분 ~
(   )시 (   )분
확인 ○ △ ✕

3 할 일(과목):

시간 (   )시 (   )분 ~
(   )시 (   )분
확인 ○ △ ✕

4 할 일(과목):

시간 (   )시 (   )분 ~
(   )시 (   )분
확인 ○ △ ✕

5 할 일(과목):

시간 (   )시 (   )분 ~
(   )시 (   )분
확인 ○ △ ✕

6 할 일(과목):

시간 (   )시 (   )분 ~
(   )시 (   )분
확인 ○ △ ✕

7 할 일(과목):

시간 (   )시 (   )분 ~
(   )시 (   )분
확인 ○ △ ✕

메모 / 잡생각 휴지통

 놀이 계획

 하루 평가

Wednesday 수요일 | 월　일

- 목표와 주간계획을 확인했나요? □
- 오늘 해야 할 일을 우선순위에 따라 미리 결정했나요? □
- 공부에 방해되는 물건(컴퓨터, 만화책, 휴대폰 등)을 보이지 않게 치웠나요? □

1 할 일(과목):　　　　　　　　　　　　　　시간 (　)시 (　)분 ~ (　)시 (　)분
확인 ○ △ ✕

2 할 일(과목):　　　　　　　　　　　　　　시간 (　)시 (　)분 ~ (　)시 (　)분
확인 ○ △ ✕

3 할 일(과목):　　　　　　　　　　　　　　시간 (　)시 (　)분 ~ (　)시 (　)분
확인 ○ △ ✕

4 할 일(과목):　　　　　　　　　　　　　　시간 (　)시 (　)분 ~ (　)시 (　)분
확인 ○ △ ✕

5 할 일(과목):　　　　　　　　　　　　　　시간 (　)시 (　)분 ~ (　)시 (　)분
확인 ○ △ ✕

6 할 일(과목):　　　　　　　　　　　　　　시간 (　)시 (　)분 ~ (　)시 (　)분
확인 ○ △ ✕

7 할 일(과목):　　　　　　　　　　　　　　시간 (　)시 (　)분 ~ (　)시 (　)분
확인 ○ △ ✕

메모 / 잡생각 휴지통

 놀이 계획

 하루 평가

Thursday 목요일 | 월   일

- 목표와 주간계획을 확인했나요? ☐
- 오늘 해야 할 일을 우선순위에 따라 미리 결정했나요? ☐
- 공부에 방해되는 물건(컴퓨터, 만화책, 휴대폰 등)을 보이지 않게 치웠나요? ☐

1 할 일(과목):

시간 (   )시 (   )분 ~
(   )시 (   )분
확인 ○ △ ✕

2 할 일(과목):

시간 (   )시 (   )분 ~
(   )시 (   )분
확인 ○ △ ✕

3 할 일(과목):

시간 (   )시 (   )분 ~
(   )시 (   )분
확인 ○ △ ✕

4 할 일(과목):

시간 (   )시 (   )분 ~
(   )시 (   )분
확인 ○ △ ✕

5 할 일(과목):

시간 (   )시 (   )분 ~
(   )시 (   )분
확인 ○ △ ✕

6 할 일(과목):

시간 (   )시 (   )분 ~
(   )시 (   )분
확인 ○ △ ✕

7 할 일(과목):

시간 (   )시 (   )분 ~
(   )시 (   )분
확인 ○ △ ✕

메모 / 잡생각 휴지통

 놀이 계획

 하루 평가

Friday 금요일 　　월　　일

- 목표와 주간계획을 확인했나요? ☐
- 오늘 해야 할 일을 우선순위에 따라 미리 결정했나요? ☐
- 공부에 방해되는 물건(컴퓨터, 만화책, 휴대폰 등)을 보이지 않게 치웠나요? ☐

1 할 일(과목):

시간 (　　)시 (　　)분 ~
　　 (　　)시 (　　)분
확인 ○ △ ✕

2 할 일(과목):

시간 (　　)시 (　　)분 ~
　　 (　　)시 (　　)분
확인 ○ △ ✕

3 할 일(과목):

시간 (　　)시 (　　)분 ~
　　 (　　)시 (　　)분
확인 ○ △ ✕

4 할 일(과목):

시간 (　　)시 (　　)분 ~
　　 (　　)시 (　　)분
확인 ○ △ ✕

5 할 일(과목):

시간 (　　)시 (　　)분 ~
　　 (　　)시 (　　)분
확인 ○ △ ✕

6 할 일(과목):

시간 (　　)시 (　　)분 ~
　　 (　　)시 (　　)분
확인 ○ △ ✕

7 할 일(과목):

시간 (　　)시 (　　)분 ~
　　 (　　)시 (　　)분
확인 ○ △ ✕

메모 / 잡생각 휴지통

 놀이 계획

 하루 평가

Saturday 토요일　　　월　　　일

- 목표와 주간계획을 확인했나요? ☐
- 오늘 해야 할 일을 우선순위에 따라 미리 결정했나요? ☐
- 공부에 방해되는 물건(컴퓨터, 만화책, 휴대폰 등)을 보이지 않게 치웠나요? ☐

1	할 일(과목):	시간 ( )시 ( )분 ~ ( )시 ( )분 확인 ○ △ ✕
2	할 일(과목):	시간 ( )시 ( )분 ~ ( )시 ( )분 확인 ○ △ ✕
3	할 일(과목):	시간 ( )시 ( )분 ~ ( )시 ( )분 확인 ○ △ ✕
4	할 일(과목):	시간 ( )시 ( )분 ~ ( )시 ( )분 확인 ○ △ ✕
5	할 일(과목):	시간 ( )시 ( )분 ~ ( )시 ( )분 확인 ○ △ ✕
6	할 일(과목):	시간 ( )시 ( )분 ~ ( )시 ( )분 확인 ○ △ ✕
7	할 일(과목):	시간 ( )시 ( )분 ~ ( )시 ( )분 확인 ○ △ ✕

메모 / 잡생각 휴지통

 놀이 계획

 하루 평가

- 목표와 주간계획을 확인했나요? ☐
- 오늘 해야 할 일을 우선순위에 따라 미리 결정했나요? ☐
- 공부에 방해되는 물건(컴퓨터, 만화책, 휴대폰 등)을 보이지 않게 치웠나요? ☐

1	할 일(과목):	시간 ( )시 ( )분 ~ ( )시 ( )분 확인 ○ △ ✕
2	할 일(과목):	시간 ( )시 ( )분 ~ ( )시 ( )분 확인 ○ △ ✕
3	할 일(과목):	시간 ( )시 ( )분 ~ ( )시 ( )분 확인 ○ △ ✕
4	할 일(과목):	시간 ( )시 ( )분 ~ ( )시 ( )분 확인 ○ △ ✕
5	할 일(과목):	시간 ( )시 ( )분 ~ ( )시 ( )분 확인 ○ △ ✕
6	할 일(과목):	시간 ( )시 ( )분 ~ ( )시 ( )분 확인 ○ △ ✕
7	할 일(과목):	시간 ( )시 ( )분 ~ ( )시 ( )분 확인 ○ △ ✕

메모 / 잡생각 휴지통

 놀이 계획

 하루 평가

나의 진로
목표 |

나의 성적 | 평균 (점) → (점)
목표 | 성적 (등급) → (등급)

기본시간표

	월( )	화( )	수( )	목( )	금( )	토( )	일( )
01:00							
02:00							
03:00							
04:00							
05:00							
06:00							
07:00							
08:00							
09:00							
10:00							
11:00							
12:00							
01:00							
02:00							
03:00							
04:00							
05:00							
06:00							
07:00							
08:00							
09:00							
10:00							
11:00							
12:00							
01:00							

오전 / 오후

가용시간

주간계획

이번 주 총가용시간 _____ 시간   목표학습시간 _____ 시간

목표과목	시간	기타 일정	시간

Monday 월요일 | 월   일

- 목표와 주간계획을 확인했나요? ☐
- 오늘 해야 할 일을 우선순위에 따라 미리 결정했나요? ☐
- 공부에 방해되는 물건(컴퓨터, 만화책, 휴대폰 등)을 보이지 않게 치웠나요? ☐

1 할 일(과목):

시간 (   )시 (   )분 ~
(   )시 (   )분
확인 ○ △ ✕

2 할 일(과목):

시간 (   )시 (   )분 ~
(   )시 (   )분
확인 ○ △ ✕

3 할 일(과목):

시간 (   )시 (   )분 ~
(   )시 (   )분
확인 ○ △ ✕

4 할 일(과목):

시간 (   )시 (   )분 ~
(   )시 (   )분
확인 ○ △ ✕

5 할 일(과목):

시간 (   )시 (   )분 ~
(   )시 (   )분
확인 ○ △ ✕

6 할 일(과목):

시간 (   )시 (   )분 ~
(   )시 (   )분
확인 ○ △ ✕

7 할 일(과목):

시간 (   )시 (   )분 ~
(   )시 (   )분
확인 ○ △ ✕

메모 / 잡생각 휴지통

 놀이 계획

 하루 평가

Tuesday 화요일 　　월　　　일

- 목표와 주간계획을 확인했나요? ☐
- 오늘 해야 할 일을 우선순위에 따라 미리 결정했나요? ☐
- 공부에 방해되는 물건(컴퓨터, 만화책, 휴대폰 등)을 보이지 않게 치웠나요? ☐

1 할 일(과목):
시간 (　　)시 (　　)분 ~
　　　(　　)시 (　　)분
확인 ○ △ ✕

2 할 일(과목):
시간 (　　)시 (　　)분 ~
　　　(　　)시 (　　)분
확인 ○ △ ✕

3 할 일(과목):
시간 (　　)시 (　　)분 ~
　　　(　　)시 (　　)분
확인 ○ △ ✕

4 할 일(과목):
시간 (　　)시 (　　)분 ~
　　　(　　)시 (　　)분
확인 ○ △ ✕

5 할 일(과목):
시간 (　　)시 (　　)분 ~
　　　(　　)시 (　　)분
확인 ○ △ ✕

6 할 일(과목):
시간 (　　)시 (　　)분 ~
　　　(　　)시 (　　)분
확인 ○ △ ✕

7 할 일(과목):
시간 (　　)시 (　　)분 ~
　　　(　　)시 (　　)분
확인 ○ △ ✕

메모 / 잡생각 휴지통

 놀이 계획

 하루 평가

Wednesday 수요일 | 월 일

- 목표와 주간계획을 확인했나요? ☐
- 오늘 해야 할 일을 우선순위에 따라 미리 결정했나요? ☐
- 공부에 방해되는 물건(컴퓨터, 만화책, 휴대폰 등)을 보이지 않게 치웠나요? ☐

1 할 일(과목):
시간 ( )시 ( )분 ~
( )시 ( )분
확인 ○ △ ✕

2 할 일(과목):
시간 ( )시 ( )분 ~
( )시 ( )분
확인 ○ △ ✕

3 할 일(과목):
시간 ( )시 ( )분 ~
( )시 ( )분
확인 ○ △ ✕

4 할 일(과목):
시간 ( )시 ( )분 ~
( )시 ( )분
확인 ○ △ ✕

5 할 일(과목):
시간 ( )시 ( )분 ~
( )시 ( )분
확인 ○ △ ✕

6 할 일(과목):
시간 ( )시 ( )분 ~
( )시 ( )분
확인 ○ △ ✕

7 할 일(과목):
시간 ( )시 ( )분 ~
( )시 ( )분
확인 ○ △ ✕

메모 / 잡생각 휴지통

 놀이 계획

 하루 평가

Thursday 목요일 　　월　　　일

- 목표와 주간계획을 확인했나요? ☐
- 오늘 해야 할 일을 우선순위에 따라 미리 결정했나요? ☐
- 공부에 방해되는 물건(컴퓨터, 만화책, 휴대폰 등)을 보이지 않게 치웠나요? ☐

1 할 일(과목):

시간 ( )시 ( )분 ~
　　( )시 ( )분
확인 ○ △ ✕

2 할 일(과목):

시간 ( )시 ( )분 ~
　　( )시 ( )분
확인 ○ △ ✕

3 할 일(과목):

시간 ( )시 ( )분 ~
　　( )시 ( )분
확인 ○ △ ✕

4 할 일(과목):

시간 ( )시 ( )분 ~
　　( )시 ( )분
확인 ○ △ ✕

5 할 일(과목):

시간 ( )시 ( )분 ~
　　( )시 ( )분
확인 ○ △ ✕

6 할 일(과목):

시간 ( )시 ( )분 ~
　　( )시 ( )분
확인 ○ △ ✕

7 할 일(과목):

시간 ( )시 ( )분 ~
　　( )시 ( )분
확인 ○ △ ✕

메모 / 잡생각 휴지통

 놀이 계획

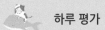 하루 평가

- 목표와 주간계획을 확인했나요? □
- 오늘 해야 할 일을 우선순위에 따라 미리 결정했나요? □
- 공부에 방해되는 물건(컴퓨터, 만화책, 휴대폰 등)을 보이지 않게 치웠나요? □

1 할 일(과목):

시간 ( )시 ( )분 ~
( )시 ( )분
확인 ○ △ ✕

2 할 일(과목):

시간 ( )시 ( )분 ~
( )시 ( )분
확인 ○ △ ✕

3 할 일(과목):

시간 ( )시 ( )분 ~
( )시 ( )분
확인 ○ △ ✕

4 할 일(과목):

시간 ( )시 ( )분 ~
( )시 ( )분
확인 ○ △ ✕

5 할 일(과목):

시간 ( )시 ( )분 ~
( )시 ( )분
확인 ○ △ ✕

6 할 일(과목):

시간 ( )시 ( )분 ~
( )시 ( )분
확인 ○ △ ✕

7 할 일(과목):

시간 ( )시 ( )분 ~
( )시 ( )분
확인 ○ △ ✕

메모 / 잡생각 휴지통

 놀이 계획

 하루 평가

- 목표와 주간계획을 확인했나요? ☐
- 오늘 해야 할 일을 우선순위에 따라 미리 결정했나요? ☐
- 공부에 방해되는 물건(컴퓨터, 만화책, 휴대폰 등)을 보이지 않게 치웠나요? ☐

1   할 일(과목):   시간 ( )시 ( )분 ~ ( )시 ( )분
확인 ○ △ ✕

2   할 일(과목):   시간 ( )시 ( )분 ~ ( )시 ( )분
확인 ○ △ ✕

3   할 일(과목):   시간 ( )시 ( )분 ~ ( )시 ( )분
확인 ○ △ ✕

4   할 일(과목):   시간 ( )시 ( )분 ~ ( )시 ( )분
확인 ○ △ ✕

5   할 일(과목):   시간 ( )시 ( )분 ~ ( )시 ( )분
확인 ○ △ ✕

6   할 일(과목):   시간 ( )시 ( )분 ~ ( )시 ( )분
확인 ○ △ ✕

7   할 일(과목):   시간 ( )시 ( )분 ~ ( )시 ( )분
확인 ○ △ ✕

메모 / 잡생각 휴지통

 놀이 계획

 하루 평가

- 목표와 주간계획을 확인했나요? □
- 오늘 해야 할 일을 우선순위에 따라 미리 결정했나요? □
- 공부에 방해되는 물건(컴퓨터, 만화책, 휴대폰 등)을 보이지 않게 치웠나요? □

1 할 일(과목):

시간 ( )시 ( )분 ~
( )시 ( )분
확인 ○ △ ✕

2 할 일(과목):

시간 ( )시 ( )분 ~
( )시 ( )분
확인 ○ △ ✕

3 할 일(과목):

시간 ( )시 ( )분 ~
( )시 ( )분
확인 ○ △ ✕

4 할 일(과목):

시간 ( )시 ( )분 ~
( )시 ( )분
확인 ○ △ ✕

5 할 일(과목):

시간 ( )시 ( )분 ~
( )시 ( )분
확인 ○ △ ✕

6 할 일(과목):

시간 ( )시 ( )분 ~
( )시 ( )분
확인 ○ △ ✕

7 할 일(과목):

시간 ( )시 ( )분 ~
( )시 ( )분
확인 ○ △ ✕

메모 / 잡생각 휴지통

 놀이 계획

 하루 평가

월 ___ 째 주

나의 진로 |
목표 |

나의 성적 | 평균 (점) → (점)
목표 | 성적 (등급) → (등급)

기본시간표

	월( )	화( )	수( )	목( )	금( )	토( )	일( )
오전 01:00							
02:00							
03:00							
04:00							
05:00							
06:00							
07:00							
08:00							
09:00							
10:00							
11:00							
12:00							
오후 01:00							
02:00							
03:00							
04:00							
05:00							
06:00							
07:00							
08:00							
09:00							
10:00							
11:00							
12:00							
01:00							
가용시간							

주간계획

이번 주 총가용시간 _____ 시간   목표학습시간 _____ 시간

목표과목	시간	기타 일정	시간

Monday 월요일 | 월 일

- 목표와 주간계획을 확인했나요? ☐
- 오늘 해야 할 일을 우선순위에 따라 미리 결정했나요? ☐
- 공부에 방해되는 물건(컴퓨터, 만화책, 휴대폰 등)을 보이지 않게 치웠나요? ☐

1 할 일(과목):

시간 ( )시 ( )분 ~
( )시 ( )분
확인 ○ △ ✕

2 할 일(과목):

시간 ( )시 ( )분 ~
( )시 ( )분
확인 ○ △ ✕

3 할 일(과목):

시간 ( )시 ( )분 ~
( )시 ( )분
확인 ○ △ ✕

4 할 일(과목):

시간 ( )시 ( )분 ~
( )시 ( )분
확인 ○ △ ✕

5 할 일(과목):

시간 ( )시 ( )분 ~
( )시 ( )분
확인 ○ △ ✕

6 할 일(과목):

시간 ( )시 ( )분 ~
( )시 ( )분
확인 ○ △ ✕

7 할 일(과목):

시간 ( )시 ( )분 ~
( )시 ( )분
확인 ○ △ ✕

메모 / 잡생각 휴지통

 놀이 계획

 하루 평가

Tuesday 화요일 　　　월　　　일

- 목표와 주간계획을 확인했나요? ☐
- 오늘 해야 할 일을 우선순위에 따라 미리 결정했나요? ☐
- 공부에 방해되는 물건(컴퓨터, 만화책, 휴대폰 등)을 보이지 않게 치웠나요? ☐

1 할 일(과목): 　　　　　　　　　　　　　　　시간 (　)시 (　)분 ~
　　　　　　　　　　　　　　　　　　　　　　　　　 (　)시 (　)분
　　　　　　　　　　　　　　　　　　　　　　확인 ○ △ ✕

2 할 일(과목): 　　　　　　　　　　　　　　　시간 (　)시 (　)분 ~
　　　　　　　　　　　　　　　　　　　　　　　　　 (　)시 (　)분
　　　　　　　　　　　　　　　　　　　　　　확인 ○ △ ✕

3 할 일(과목): 　　　　　　　　　　　　　　　시간 (　)시 (　)분 ~
　　　　　　　　　　　　　　　　　　　　　　　　　 (　)시 (　)분
　　　　　　　　　　　　　　　　　　　　　　확인 ○ △ ✕

4 할 일(과목): 　　　　　　　　　　　　　　　시간 (　)시 (　)분 ~
　　　　　　　　　　　　　　　　　　　　　　　　　 (　)시 (　)분
　　　　　　　　　　　　　　　　　　　　　　확인 ○ △ ✕

5 할 일(과목): 　　　　　　　　　　　　　　　시간 (　)시 (　)분 ~
　　　　　　　　　　　　　　　　　　　　　　　　　 (　)시 (　)분
　　　　　　　　　　　　　　　　　　　　　　확인 ○ △ ✕

6 할 일(과목): 　　　　　　　　　　　　　　　시간 (　)시 (　)분 ~
　　　　　　　　　　　　　　　　　　　　　　　　　 (　)시 (　)분
　　　　　　　　　　　　　　　　　　　　　　확인 ○ △ ✕

7 할 일(과목): 　　　　　　　　　　　　　　　시간 (　)시 (　)분 ~
　　　　　　　　　　　　　　　　　　　　　　　　　 (　)시 (　)분
　　　　　　　　　　　　　　　　　　　　　　확인 ○ △ ✕

메모 / 잡생각 휴지통

 놀이 계획

 하루 평가

Wednesday 수요일 | 월 일

- 목표와 주간계획을 확인했나요? □
- 오늘 해야 할 일을 우선순위에 따라 미리 결정했나요? □
- 공부에 방해되는 물건(컴퓨터, 만화책, 휴대폰 등)을 보이지 않게 치웠나요? □

1 할 일(과목):
시간 ( )시 ( )분 ~
( )시 ( )분
확인 ○ △ ✕

2 할 일(과목):
시간 ( )시 ( )분 ~
( )시 ( )분
확인 ○ △ ✕

3 할 일(과목):
시간 ( )시 ( )분 ~
( )시 ( )분
확인 ○ △ ✕

4 할 일(과목):
시간 ( )시 ( )분 ~
( )시 ( )분
확인 ○ △ ✕

5 할 일(과목):
시간 ( )시 ( )분 ~
( )시 ( )분
확인 ○ △ ✕

6 할 일(과목):
시간 ( )시 ( )분 ~
( )시 ( )분
확인 ○ △ ✕

7 할 일(과목):
시간 ( )시 ( )분 ~
( )시 ( )분
확인 ○ △ ✕

메모 / 잡생각 휴지통

 놀이 계획

 하루 평가

Thursday 목요일   월   일

- 목표와 주간계획을 확인했나요? ☐
- 오늘 해야 할 일을 우선순위에 따라 미리 결정했나요? ☐
- 공부에 방해되는 물건(컴퓨터, 만화책, 휴대폰 등)을 보이지 않게 치웠나요? ☐

1　할 일(과목):
　　　　　　　　　　　　　　　　　　　　　　　시간 (　　)시 (　　)분 ~
　　　　　　　　　　　　　　　　　　　　　　　　　 (　　)시 (　　)분
　　　　　　　　　　　　　　　　　　　　　　　확인 ○ △ ✕

2　할 일(과목):
　　　　　　　　　　　　　　　　　　　　　　　시간 (　　)시 (　　)분 ~
　　　　　　　　　　　　　　　　　　　　　　　　　 (　　)시 (　　)분
　　　　　　　　　　　　　　　　　　　　　　　확인 ○ △ ✕

3　할 일(과목):
　　　　　　　　　　　　　　　　　　　　　　　시간 (　　)시 (　　)분 ~
　　　　　　　　　　　　　　　　　　　　　　　　　 (　　)시 (　　)분
　　　　　　　　　　　　　　　　　　　　　　　확인 ○ △ ✕

4　할 일(과목):
　　　　　　　　　　　　　　　　　　　　　　　시간 (　　)시 (　　)분 ~
　　　　　　　　　　　　　　　　　　　　　　　　　 (　　)시 (　　)분
　　　　　　　　　　　　　　　　　　　　　　　확인 ○ △ ✕

5　할 일(과목):
　　　　　　　　　　　　　　　　　　　　　　　시간 (　　)시 (　　)분 ~
　　　　　　　　　　　　　　　　　　　　　　　　　 (　　)시 (　　)분
　　　　　　　　　　　　　　　　　　　　　　　확인 ○ △ ✕

6　할 일(과목):
　　　　　　　　　　　　　　　　　　　　　　　시간 (　　)시 (　　)분 ~
　　　　　　　　　　　　　　　　　　　　　　　　　 (　　)시 (　　)분
　　　　　　　　　　　　　　　　　　　　　　　확인 ○ △ ✕

7　할 일(과목):
　　　　　　　　　　　　　　　　　　　　　　　시간 (　　)시 (　　)분 ~
　　　　　　　　　　　　　　　　　　　　　　　　　 (　　)시 (　　)분
　　　　　　　　　　　　　　　　　　　　　　　확인 ○ △ ✕

메모 / 잡생각 휴지통

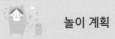 놀이 계획

 하루 평가

- 목표와 주간계획을 확인했나요? ☐
- 오늘 해야 할 일을 우선순위에 따라 미리 결정했나요? ☐
- 공부에 방해되는 물건(컴퓨터, 만화책, 휴대폰 등)을 보이지 않게 치웠나요? ☐

1 할 일(과목):

시간 (　)시 (　)분 ~
(　)시 (　)분
확인 ○ △ ✕

2 할 일(과목):

시간 (　)시 (　)분 ~
(　)시 (　)분
확인 ○ △ ✕

3 할 일(과목):

시간 (　)시 (　)분 ~
(　)시 (　)분
확인 ○ △ ✕

4 할 일(과목):

시간 (　)시 (　)분 ~
(　)시 (　)분
확인 ○ △ ✕

5 할 일(과목):

시간 (　)시 (　)분 ~
(　)시 (　)분
확인 ○ △ ✕

6 할 일(과목):

시간 (　)시 (　)분 ~
(　)시 (　)분
확인 ○ △ ✕

7 할 일(과목):

시간 (　)시 (　)분 ~
(　)시 (　)분
확인 ○ △ ✕

메모 / 잡생각 휴지통

 놀이 계획

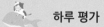 하루 평가

- 목표와 주간계획을 확인했나요? □
- 오늘 해야 할 일을 우선순위에 따라 미리 결정했나요? □
- 공부에 방해되는 물건(컴퓨터, 만화책, 휴대폰 등)을 보이지 않게 치웠나요? □

1	할 일(과목):	시간 ( )시 ( )분 ~ ( )시 ( )분 확인 ○ △ X
2	할 일(과목):	시간 ( )시 ( )분 ~ ( )시 ( )분 확인 ○ △ X
3	할 일(과목):	시간 ( )시 ( )분 ~ ( )시 ( )분 확인 ○ △ X
4	할 일(과목):	시간 ( )시 ( )분 ~ ( )시 ( )분 확인 ○ △ X
5	할 일(과목):	시간 ( )시 ( )분 ~ ( )시 ( )분 확인 ○ △ X
6	할 일(과목):	시간 ( )시 ( )분 ~ ( )시 ( )분 확인 ○ △ X
7	할 일(과목):	시간 ( )시 ( )분 ~ ( )시 ( )분 확인 ○ △ X

메모 / 잡생각 휴지통

 놀이 계획

 하루 평가

- 목표와 주간계획을 확인했나요? ☐
- 오늘 해야 할 일을 우선순위에 따라 미리 결정했나요? ☐
- 공부에 방해되는 물건(컴퓨터, 만화책, 휴대폰 등)을 보이지 않게 치웠나요? ☐

1 할 일(과목):

시간 ( )시 ( )분 ~
　　 ( )시 ( )분
확인 ○ △ ✕

2 할 일(과목):

시간 ( )시 ( )분 ~
　　 ( )시 ( )분
확인 ○ △ ✕

3 할 일(과목):

시간 ( )시 ( )분 ~
　　 ( )시 ( )분
확인 ○ △ ✕

4 할 일(과목):

시간 ( )시 ( )분 ~
　　 ( )시 ( )분
확인 ○ △ ✕

5 할 일(과목):

시간 ( )시 ( )분 ~
　　 ( )시 ( )분
확인 ○ △ ✕

6 할 일(과목):

시간 ( )시 ( )분 ~
　　 ( )시 ( )분
확인 ○ △ ✕

7 할 일(과목):

시간 ( )시 ( )분 ~
　　 ( )시 ( )분
확인 ○ △ ✕

메모 / 잡생각 휴지통

 **놀이 계획**

 하루 평가

나의 진로 |
목표 |

나의 성적 | 평균 (점) → (점)
목표 | 성적 (등급) → (등급)

기본시간표

	월( )	화( )	수( )	목( )	금( )	토( )	일( )
01:00							
02:00							
03:00							
04:00							
05:00							
06:00							
07:00							
08:00							
09:00							
10:00							
11:00							
12:00							
01:00							
02:00							
03:00							
04:00							
05:00							
06:00							
07:00							
08:00							
09:00							
10:00							
11:00							
12:00							
01:00							

오전

오후

가용시간

주간계획

이번 주 총가용시간 _____시간   목표학습시간 _____시간

목표과목	시간	기타 일정	시간

Monday 월요일   월   일

- 목표와 주간계획을 확인했나요? ☐
- 오늘 해야 할 일을 우선순위에 따라 미리 결정했나요? ☐
- 공부에 방해되는 물건(컴퓨터, 만화책, 휴대폰 등)을 보이지 않게 치웠나요? ☐

1 할 일(과목):

시간 (   )시 (   )분 ~
　　 (   )시 (   )분
확인 ○ △ ✕

2 할 일(과목):

시간 (   )시 (   )분 ~
　　 (   )시 (   )분
확인 ○ △ ✕

3 할 일(과목):

시간 (   )시 (   )분 ~
　　 (   )시 (   )분
확인 ○ △ ✕

4 할 일(과목):

시간 (   )시 (   )분 ~
　　 (   )시 (   )분
확인 ○ △ ✕

5 할 일(과목):

시간 (   )시 (   )분 ~
　　 (   )시 (   )분
확인 ○ △ ✕

6 할 일(과목):

시간 (   )시 (   )분 ~
　　 (   )시 (   )분
확인 ○ △ ✕

7 할 일(과목):

시간 (   )시 (   )분 ~
　　 (   )시 (   )분
확인 ○ △ ✕

메모 / 잡생각 휴지통

 놀이 계획

 하루 평가

- 목표와 주간계획을 확인했나요? ☐
- 오늘 해야 할 일을 우선순위에 따라 미리 결정했나요? ☐
- 공부에 방해되는 물건(컴퓨터, 만화책, 휴대폰 등)을 보이지 않게 치웠나요? ☐

1 할 일(과목):

시간 ( )시 ( )분 ~
      ( )시 ( )분

확인 ○ △ ✕

2 할 일(과목):

시간 ( )시 ( )분 ~
      ( )시 ( )분

확인 ○ △ ✕

3 할 일(과목):

시간 ( )시 ( )분 ~
      ( )시 ( )분

확인 ○ △ ✕

4 할 일(과목):

시간 ( )시 ( )분 ~
      ( )시 ( )분

확인 ○ △ ✕

5 할 일(과목):

시간 ( )시 ( )분 ~
      ( )시 ( )분

확인 ○ △ ✕

6 할 일(과목):

시간 ( )시 ( )분 ~
      ( )시 ( )분

확인 ○ △ ✕

7 할 일(과목):

시간 ( )시 ( )분 ~
      ( )시 ( )분

확인 ○ △ ✕

메모 / 잡생각 휴지통

 놀이 계획

 하루 평가

Wednesday 수요일 　　　월　　　일

- 목표와 주간계획을 확인했나요? ☐
- 오늘 해야 할 일을 우선순위에 따라 미리 결정했나요? ☐
- 공부에 방해되는 물건(컴퓨터, 만화책, 휴대폰 등)을 보이지 않게 치웠나요? ☐

1 할 일(과목):　　　　　　　　　　　　　　　시간 (　　)시 (　　)분 ~
　　　　　　　　　　　　　　　　　　　　　　　　 (　　)시 (　　)분
　　　　　　　　　　　　　　　　　　　　　확인 ○ △ ✕

2 할 일(과목):　　　　　　　　　　　　　　　시간 (　　)시 (　　)분 ~
　　　　　　　　　　　　　　　　　　　　　　　　 (　　)시 (　　)분
　　　　　　　　　　　　　　　　　　　　　확인 ○ △ ✕

3 할 일(과목):　　　　　　　　　　　　　　　시간 (　　)시 (　　)분 ~
　　　　　　　　　　　　　　　　　　　　　　　　 (　　)시 (　　)분
　　　　　　　　　　　　　　　　　　　　　확인 ○ △ ✕

4 할 일(과목):　　　　　　　　　　　　　　　시간 (　　)시 (　　)분 ~
　　　　　　　　　　　　　　　　　　　　　　　　 (　　)시 (　　)분
　　　　　　　　　　　　　　　　　　　　　확인 ○ △ ✕

5 할 일(과목):　　　　　　　　　　　　　　　시간 (　　)시 (　　)분 ~
　　　　　　　　　　　　　　　　　　　　　　　　 (　　)시 (　　)분
　　　　　　　　　　　　　　　　　　　　　확인 ○ △ ✕

6 할 일(과목):　　　　　　　　　　　　　　　시간 (　　)시 (　　)분 ~
　　　　　　　　　　　　　　　　　　　　　　　　 (　　)시 (　　)분
　　　　　　　　　　　　　　　　　　　　　확인 ○ △ ✕

7 할 일(과목):　　　　　　　　　　　　　　　시간 (　　)시 (　　)분 ~
　　　　　　　　　　　　　　　　　　　　　　　　 (　　)시 (　　)분
　　　　　　　　　　　　　　　　　　　　　확인 ○ △ ✕

메모 / 잡생각 휴지통 　　　　　 놀이 계획

 하루 평가

Thursday 목요일 　 월 　 일

- 목표와 주간계획을 확인했나요? ☐
- 오늘 해야 할 일을 우선순위에 따라 미리 결정했나요? ☐
- 공부에 방해되는 물건(컴퓨터, 만화책, 휴대폰 등)을 보이지 않게 치웠나요? ☐

1 할 일(과목):

시간 ( )시 ( )분 ~
( )시 ( )분
확인 ○ △ ✕

2 할 일(과목):

시간 ( )시 ( )분 ~
( )시 ( )분
확인 ○ △ ✕

3 할 일(과목):

시간 ( )시 ( )분 ~
( )시 ( )분
확인 ○ △ ✕

4 할 일(과목):

시간 ( )시 ( )분 ~
( )시 ( )분
확인 ○ △ ✕

5 할 일(과목):

시간 ( )시 ( )분 ~
( )시 ( )분
확인 ○ △ ✕

6 할 일(과목):

시간 ( )시 ( )분 ~
( )시 ( )분
확인 ○ △ ✕

7 할 일(과목):

시간 ( )시 ( )분 ~
( )시 ( )분
확인 ○ △ ✕

메모 / 잡생각 휴지통

 놀이 계획

 하루 평가

- 목표와 주간계획을 확인했나요? ☐
- 오늘 해야 할 일을 우선순위에 따라 미리 결정했나요? ☐
- 공부에 방해되는 물건(컴퓨터, 만화책, 휴대폰 등)을 보이지 않게 치웠나요? ☐

1 할 일(과목):

시간 ( )시 ( )분 ~
　　 ( )시 ( )분
확인 ○ △ ✕

2 할 일(과목):

시간 ( )시 ( )분 ~
　　 ( )시 ( )분
확인 ○ △ ✕

3 할 일(과목):

시간 ( )시 ( )분 ~
　　 ( )시 ( )분
확인 ○ △ ✕

4 할 일(과목):

시간 ( )시 ( )분 ~
　　 ( )시 ( )분
확인 ○ △ ✕

5 할 일(과목):

시간 ( )시 ( )분 ~
　　 ( )시 ( )분
확인 ○ △ ✕

6 할 일(과목):

시간 ( )시 ( )분 ~
　　 ( )시 ( )분
확인 ○ △ ✕

7 할 일(과목):

시간 ( )시 ( )분 ~
　　 ( )시 ( )분
확인 ○ △ ✕

메모 / 잡생각 휴지통

 놀이 계획

 하루 평가

- 목표와 주간계획을 확인했나요? ☐
- 오늘 해야 할 일을 우선순위에 따라 미리 결정했나요? ☐
- 공부에 방해되는 물건(컴퓨터, 만화책, 휴대폰 등)을 보이지 않게 치웠나요? ☐

1 할 일(과목):
시간 ( )시 ( )분 ~
( )시 ( )분
확인 ○ △ ✕

2 할 일(과목):
시간 ( )시 ( )분 ~
( )시 ( )분
확인 ○ △ ✕

3 할 일(과목):
시간 ( )시 ( )분 ~
( )시 ( )분
확인 ○ △ ✕

4 할 일(과목):
시간 ( )시 ( )분 ~
( )시 ( )분
확인 ○ △ ✕

5 할 일(과목):
시간 ( )시 ( )분 ~
( )시 ( )분
확인 ○ △ ✕

6 할 일(과목):
시간 ( )시 ( )분 ~
( )시 ( )분
확인 ○ △ ✕

7 할 일(과목):
시간 ( )시 ( )분 ~
( )시 ( )분
확인 ○ △ ✕

메모 / 잡생각 휴지통

 **놀이 계획**

 하루 평가

- 목표와 주간계획을 확인했나요? □
- 오늘 해야 할 일을 우선순위에 따라 미리 결정했나요? □
- 공부에 방해되는 물건(컴퓨터, 만화책, 휴대폰 등)을 보이지 않게 치웠나요? □

1 할 일(과목):

시간 ( )시 ( )분 ~
( )시 ( )분
확인 ○ △ ✕

2 할 일(과목):

시간 ( )시 ( )분 ~
( )시 ( )분
확인 ○ △ ✕

3 할 일(과목):

시간 ( )시 ( )분 ~
( )시 ( )분
확인 ○ △ ✕

4 할 일(과목):

시간 ( )시 ( )분 ~
( )시 ( )분
확인 ○ △ ✕

5 할 일(과목):

시간 ( )시 ( )분 ~
( )시 ( )분
확인 ○ △ ✕

6 할 일(과목):

시간 ( )시 ( )분 ~
( )시 ( )분
확인 ○ △ ✕

7 할 일(과목):

시간 ( )시 ( )분 ~
( )시 ( )분
확인 ○ △ ✕

메모 / 잡생각 휴지통

 놀이 계획

 하루 평가

나의 진로
목표

나의 성적 | 평균 (점) ⌐ (점)
목표 | 성적 (등급) ⌐ (등급)

기본시간표

	월( )	화( )	수( )	목( )	금( )	토( )	일( )
01:00							
02:00							
03:00							
04:00							
05:00							
06:00							
07:00							
08:00							
09:00							
10:00							
11:00							
12:00							
01:00							
02:00							
03:00							
04:00							
05:00							
06:00							
07:00							
08:00							
09:00							
10:00							
11:00							
12:00							
01:00							

오전

오후

가용시간

주간계획

이번 주 총가용시간 _____ 시간   목표학습시간 _____ 시간

목표과목	시간	기타 일정	시간

Monday 월요일

- 목표와 주간계획을 확인했나요? ☐
- 오늘 해야 할 일을 우선순위에 따라 미리 결정했나요? ☐
- 공부에 방해되는 물건(컴퓨터, 만화책, 휴대폰 등)을 보이지 않게 치웠나요? ☐

1 할 일(과목):
시간 (   )시 (   )분 ~
(   )시 (   )분
확인 ○ △ ✕

2 할 일(과목):
시간 (   )시 (   )분 ~
(   )시 (   )분
확인 ○ △ ✕

3 할 일(과목):
시간 (   )시 (   )분 ~
(   )시 (   )분
확인 ○ △ ✕

4 할 일(과목):
시간 (   )시 (   )분 ~
(   )시 (   )분
확인 ○ △ ✕

5 할 일(과목):
시간 (   )시 (   )분 ~
(   )시 (   )분
확인 ○ △ ✕

6 할 일(과목):
시간 (   )시 (   )분 ~
(   )시 (   )분
확인 ○ △ ✕

7 할 일(과목):
시간 (   )시 (   )분 ~
(   )시 (   )분
확인 ○ △ ✕

메모 / 잡생각 휴지통

 놀이 계획

 하루 평가

- 목표와 주간계획을 확인했나요? ☐
- 오늘 해야 할 일을 우선순위에 따라 미리 결정했나요? ☐
- 공부에 방해되는 물건(컴퓨터, 만화책, 휴대폰 등)을 보이지 않게 치웠나요? ☐

1 할 일(과목):
시간 ( )시 ( )분 ~
( )시 ( )분
확인 ○ △ ✕

2 할 일(과목):
시간 ( )시 ( )분 ~
( )시 ( )분
확인 ○ △ ✕

3 할 일(과목):
시간 ( )시 ( )분 ~
( )시 ( )분
확인 ○ △ ✕

4 할 일(과목):
시간 ( )시 ( )분 ~
( )시 ( )분
확인 ○ △ ✕

5 할 일(과목):
시간 ( )시 ( )분 ~
( )시 ( )분
확인 ○ △ ✕

6 할 일(과목):
시간 ( )시 ( )분 ~
( )시 ( )분
확인 ○ △ ✕

7 할 일(과목):
시간 ( )시 ( )분 ~
( )시 ( )분
확인 ○ △ ✕

메모 / 잡생각 휴지통

 놀이 계획

 하루 평가

Wednesday 수요일 | 월   일

- 목표와 주간계획을 확인했나요? ☐
- 오늘 해야 할 일을 우선순위에 따라 미리 결정했나요? ☐
- 공부에 방해되는 물건(컴퓨터, 만화책, 휴대폰 등)을 보이지 않게 치웠나요? ☐

1 할 일(과목):
시간 (   )시 (   )분 ~
    (   )시 (   )분
확인 ○ △ ✕

2 할 일(과목):
시간 (   )시 (   )분 ~
    (   )시 (   )분
확인 ○ △ ✕

3 할 일(과목):
시간 (   )시 (   )분 ~
    (   )시 (   )분
확인 ○ △ ✕

4 할 일(과목):
시간 (   )시 (   )분 ~
    (   )시 (   )분
확인 ○ △ ✕

5 할 일(과목):
시간 (   )시 (   )분 ~
    (   )시 (   )분
확인 ○ △ ✕

6 할 일(과목):
시간 (   )시 (   )분 ~
    (   )시 (   )분
확인 ○ △ ✕

7 할 일(과목):
시간 (   )시 (   )분 ~
    (   )시 (   )분
확인 ○ △ ✕

메모 / 잡생각 휴지통

 놀이 계획

 하루 평가

Thursday 목요일   월   일

- 목표와 주간계획을 확인했나요? ☐
- 오늘 해야 할 일을 우선순위에 따라 미리 결정했나요? ☐
- 공부에 방해되는 물건(컴퓨터, 만화책, 휴대폰 등)을 보이지 않게 치웠나요? ☐

1 할 일(과목):

시간 (   )시 (   )분 ~
(   )시 (   )분
확인 ○ △ ✕

2 할 일(과목):

시간 (   )시 (   )분 ~
(   )시 (   )분
확인 ○ △ ✕

3 할 일(과목):

시간 (   )시 (   )분 ~
(   )시 (   )분
확인 ○ △ ✕

4 할 일(과목):

시간 (   )시 (   )분 ~
(   )시 (   )분
확인 ○ △ ✕

5 할 일(과목):

시간 (   )시 (   )분 ~
(   )시 (   )분
확인 ○ △ ✕

6 할 일(과목):

시간 (   )시 (   )분 ~
(   )시 (   )분
확인 ○ △ ✕

7 할 일(과목):

시간 (   )시 (   )분 ~
(   )시 (   )분
확인 ○ △ ✕

메모 / 잡생각 휴지통

 놀이 계획

 하루 평가

- 목표와 주간계획을 확인했나요? ☐
- 오늘 해야 할 일을 우선순위에 따라 미리 결정했나요? ☐
- 공부에 방해되는 물건(컴퓨터, 만화책, 휴대폰 등)을 보이지 않게 치웠나요? ☐

1 할 일(과목):

시간 (　　)시 (　　)분 ~
　　　(　　)시 (　　)분

확인 ○ △ ✕

2 할 일(과목):

시간 (　　)시 (　　)분 ~
　　　(　　)시 (　　)분

확인 ○ △ ✕

3 할 일(과목):

시간 (　　)시 (　　)분 ~
　　　(　　)시 (　　)분

확인 ○ △ ✕

4 할 일(과목):

시간 (　　)시 (　　)분 ~
　　　(　　)시 (　　)분

확인 ○ △ ✕

5 할 일(과목):

시간 (　　)시 (　　)분 ~
　　　(　　)시 (　　)분

확인 ○ △ ✕

6 할 일(과목):

시간 (　　)시 (　　)분 ~
　　　(　　)시 (　　)분

확인 ○ △ ✕

7 할 일(과목):

시간 (　　)시 (　　)분 ~
　　　(　　)시 (　　)분

확인 ○ △ ✕

메모 / 잡생각 휴지통

 놀이 계획

 하루 평가

- 목표와 주간계획을 확인했나요? ☐
- 오늘 해야 할 일을 우선순위에 따라 미리 결정했나요? ☐
- 공부에 방해되는 물건(컴퓨터, 만화책, 휴대폰 등)을 보이지 않게 치웠나요? ☐

	할 일(과목)	시간	확인
1		( )시 ( )분 ~ ( )시 ( )분	○ △ ✕
2		( )시 ( )분 ~ ( )시 ( )분	○ △ ✕
3		( )시 ( )분 ~ ( )시 ( )분	○ △ ✕
4		( )시 ( )분 ~ ( )시 ( )분	○ △ ✕
5		( )시 ( )분 ~ ( )시 ( )분	○ △ ✕
6		( )시 ( )분 ~ ( )시 ( )분	○ △ ✕
7		( )시 ( )분 ~ ( )시 ( )분	○ △ ✕

메모 / 잡생각 휴지통

 놀이 계획

 하루 평가

Sunday 일요일 | 월　　　일

- 목표와 주간계획을 확인했나요? ☐
- 오늘 해야 할 일을 우선순위에 따라 미리 결정했나요? ☐
- 공부에 방해되는 물건(컴퓨터, 만화책, 휴대폰 등)을 보이지 않게 치웠나요? ☐

1 할 일(과목):

시간 (　　)시 (　　)분 ~
　　 (　　)시 (　　)분
확인 ○ △ ✕

2 할 일(과목):

시간 (　　)시 (　　)분 ~
　　 (　　)시 (　　)분
확인 ○ △ ✕

3 할 일(과목):

시간 (　　)시 (　　)분 ~
　　 (　　)시 (　　)분
확인 ○ △ ✕

4 할 일(과목):

시간 (　　)시 (　　)분 ~
　　 (　　)시 (　　)분
확인 ○ △ ✕

5 할 일(과목):

시간 (　　)시 (　　)분 ~
　　 (　　)시 (　　)분
확인 ○ △ ✕

6 할 일(과목):

시간 (　　)시 (　　)분 ~
　　 (　　)시 (　　)분
확인 ○ △ ✕

7 할 일(과목):

시간 (　　)시 (　　)분 ~
　　 (　　)시 (　　)분
확인 ○ △ ✕

메모 / 잡생각 휴지통

 **놀이 계획**

 하루 평가

나의 진로 |
목표 |

나의 성적 | 평균 (점) ⌐ (점)
목표 | 성적 (등급) ⌐ (등급)

기본시간표

	월( )	화( )	수( )	목( )	금( )	토( )	일( )
오전 01:00							
02:00							
03:00							
04:00							
05:00							
06:00							
07:00							
08:00							
09:00							
10:00							
11:00							
12:00							
오후 01:00							
02:00							
03:00							
04:00							
05:00							
06:00							
07:00							
08:00							
09:00							
10:00							
11:00							
12:00							
01:00							
가용시간							

주간계획

이번 주 총가용시간 _____시간   목표학습시간 _____시간

목표과목	시간	기타 일정	시간

Monday 월요일　　　　월　　　　일

- 목표와 주간계획을 확인했나요? ☐
- 오늘 해야 할 일을 우선순위에 따라 미리 결정했나요? ☐
- 공부에 방해되는 물건(컴퓨터, 만화책, 휴대폰 등)을 보이지 않게 치웠나요? ☐

1　할 일(과목):

시간 (　　)시 (　　)분 ~
(　　)시 (　　)분
확인 ○ △ ✕

2　할 일(과목):

시간 (　　)시 (　　)분 ~
(　　)시 (　　)분
확인 ○ △ ✕

3　할 일(과목):

시간 (　　)시 (　　)분 ~
(　　)시 (　　)분
확인 ○ △ ✕

4　할 일(과목):

시간 (　　)시 (　　)분 ~
(　　)시 (　　)분
확인 ○ △ ✕

5　할 일(과목):

시간 (　　)시 (　　)분 ~
(　　)시 (　　)분
확인 ○ △ ✕

6　할 일(과목):

시간 (　　)시 (　　)분 ~
(　　)시 (　　)분
확인 ○ △ ✕

7　할 일(과목):

시간 (　　)시 (　　)분 ~
(　　)시 (　　)분
확인 ○ △ ✕

메모 / 잡생각 휴지통

 놀이 계획

 하루 평가

Tuesday 화요일　　월　　일

- 목표와 주간계획을 확인했나요? ☐
- 오늘 해야 할 일을 우선순위에 따라 미리 결정했나요? ☐
- 공부에 방해되는 물건(컴퓨터, 만화책, 휴대폰 등)을 보이지 않게 치웠나요? ☐

1

할 일(과목):

시간 (　　)시 (　　)분 ~
　　　(　　)시 (　　)분

확인 ○ △ ✕

2

할 일(과목):

시간 (　　)시 (　　)분 ~
　　　(　　)시 (　　)분

확인 ○ △ ✕

3

할 일(과목):

시간 (　　)시 (　　)분 ~
　　　(　　)시 (　　)분

확인 ○ △ ✕

4

할 일(과목):

시간 (　　)시 (　　)분 ~
　　　(　　)시 (　　)분

확인 ○ △ ✕

5

할 일(과목):

시간 (　　)시 (　　)분 ~
　　　(　　)시 (　　)분

확인 ○ △ ✕

6

할 일(과목):

시간 (　　)시 (　　)분 ~
　　　(　　)시 (　　)분

확인 ○ △ ✕

7

할 일(과목):

시간 (　　)시 (　　)분 ~
　　　(　　)시 (　　)분

확인 ○ △ ✕

메모 / 잡생각 휴지통

 놀이 계획

 하루 평가

Wednesday 수요일

- 목표와 주간계획을 확인했나요? □
- 오늘 해야 할 일을 우선순위에 따라 미리 결정했나요? □
- 공부에 방해되는 물건(컴퓨터, 만화책, 휴대폰 등)을 보이지 않게 치웠나요? □

1 할 일(과목):

시간 (   )시 (   )분 ~
(   )시 (   )분
확인 ○ △ ✕

2 할 일(과목):

시간 (   )시 (   )분 ~
(   )시 (   )분
확인 ○ △ ✕

3 할 일(과목):

시간 (   )시 (   )분 ~
(   )시 (   )분
확인 ○ △ ✕

4 할 일(과목):

시간 (   )시 (   )분 ~
(   )시 (   )분
확인 ○ △ ✕

5 할 일(과목):

시간 (   )시 (   )분 ~
(   )시 (   )분
확인 ○ △ ✕

6 할 일(과목):

시간 (   )시 (   )분 ~
(   )시 (   )분
확인 ○ △ ✕

7 할 일(과목):

시간 (   )시 (   )분 ~
(   )시 (   )분
확인 ○ △ ✕

메모 / 잡생각 휴지통

 놀이 계획

 하루 평가

- 목표와 주간계획을 확인했나요? ☐
- 오늘 해야 할 일을 우선순위에 따라 미리 결정했나요? ☐
- 공부에 방해되는 물건(컴퓨터, 만화책, 휴대폰 등)을 보이지 않게 치웠나요? ☐

1
할 일(과목):
시간 ( )시 ( )분 ~
( )시 ( )분
확인 ○ △ ✕

2
할 일(과목):
시간 ( )시 ( )분 ~
( )시 ( )분
확인 ○ △ ✕

3
할 일(과목):
시간 ( )시 ( )분 ~
( )시 ( )분
확인 ○ △ ✕

4
할 일(과목):
시간 ( )시 ( )분 ~
( )시 ( )분
확인 ○ △ ✕

5
할 일(과목):
시간 ( )시 ( )분 ~
( )시 ( )분
확인 ○ △ ✕

6
할 일(과목):
시간 ( )시 ( )분 ~
( )시 ( )분
확인 ○ △ ✕

7
할 일(과목):
시간 ( )시 ( )분 ~
( )시 ( )분
확인 ○ △ ✕

메모 / 잡생각 휴지통

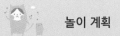 놀이 계획

 하루 평가

Friday 금요일　　　월　　　일

- 목표와 주간계획을 확인했나요? ☐
- 오늘 해야 할 일을 우선순위에 따라 미리 결정했나요? ☐
- 공부에 방해되는 물건(컴퓨터, 만화책, 휴대폰 등)을 보이지 않게 치웠나요? ☐

1 | 할 일(과목):　　　　　　　　　　　　　　　　　　시간 ( )시 ( )분 ~
　　　　　　　　　　　　　　　　　　　　　　　　　　　　( )시 ( )분
　　　　　　　　　　　　　　　　　　　　　　　　확인 ○ △ ✕

2 | 할 일(과목):　　　　　　　　　　　　　　　　　　시간 ( )시 ( )분 ~
　　　　　　　　　　　　　　　　　　　　　　　　　　　　( )시 ( )분
　　　　　　　　　　　　　　　　　　　　　　　　확인 ○ △ ✕

3 | 할 일(과목):　　　　　　　　　　　　　　　　　　시간 ( )시 ( )분 ~
　　　　　　　　　　　　　　　　　　　　　　　　　　　　( )시 ( )분
　　　　　　　　　　　　　　　　　　　　　　　　확인 ○ △ ✕

4 | 할 일(과목):　　　　　　　　　　　　　　　　　　시간 ( )시 ( )분 ~
　　　　　　　　　　　　　　　　　　　　　　　　　　　　( )시 ( )분
　　　　　　　　　　　　　　　　　　　　　　　　확인 ○ △ ✕

5 | 할 일(과목):　　　　　　　　　　　　　　　　　　시간 ( )시 ( )분 ~
　　　　　　　　　　　　　　　　　　　　　　　　　　　　( )시 ( )분
　　　　　　　　　　　　　　　　　　　　　　　　확인 ○ △ ✕

6 | 할 일(과목):　　　　　　　　　　　　　　　　　　시간 ( )시 ( )분 ~
　　　　　　　　　　　　　　　　　　　　　　　　　　　　( )시 ( )분
　　　　　　　　　　　　　　　　　　　　　　　　확인 ○ △ ✕

7 | 할 일(과목):　　　　　　　　　　　　　　　　　　시간 ( )시 ( )분 ~
　　　　　　　　　　　　　　　　　　　　　　　　　　　　( )시 ( )분
　　　　　　　　　　　　　　　　　　　　　　　　확인 ○ △ ✕

메모 / 잡생각 휴지통

 놀이 계획

 하루 평가

- 목표와 주간계획을 확인했나요? ☐
- 오늘 해야 할 일을 우선순위에 따라 미리 결정했나요? ☐
- 공부에 방해되는 물건(컴퓨터, 만화책, 휴대폰 등)을 보이지 않게 치웠나요? ☐

1 할 일(과목):
시간 ( )시 ( )분 ~
( )시 ( )분
확인 ○ △ ×

2 할 일(과목):
시간 ( )시 ( )분 ~
( )시 ( )분
확인 ○ △ ×

3 할 일(과목):
시간 ( )시 ( )분 ~
( )시 ( )분
확인 ○ △ ×

4 할 일(과목):
시간 ( )시 ( )분 ~
( )시 ( )분
확인 ○ △ ×

5 할 일(과목):
시간 ( )시 ( )분 ~
( )시 ( )분
확인 ○ △ ×

6 할 일(과목):
시간 ( )시 ( )분 ~
( )시 ( )분
확인 ○ △ ×

7 할 일(과목):
시간 ( )시 ( )분 ~
( )시 ( )분
확인 ○ △ ×

메모 / 잡생각 휴지통

 놀이 계획

 하루 평가

Sunday 일요일 　　　월　　　일

- 목표와 주간계획을 확인했나요? □
- 오늘 해야 할 일을 우선순위에 따라 미리 결정했나요? □
- 공부에 방해되는 물건(컴퓨터, 만화책, 휴대폰 등)을 보이지 않게 치웠나요? □

1 할 일(과목):　　　　　　　　　　　　　　시간 ( )시 ( )분 ~
　　　　　　　　　　　　　　　　　　　( )시 ( )분
　　　　　　　　　　　　　　　　　확인 ○ △ ✕

2 할 일(과목):　　　　　　　　　　　　　　시간 ( )시 ( )분 ~
　　　　　　　　　　　　　　　　　　　( )시 ( )분
　　　　　　　　　　　　　　　　　확인 ○ △ ✕

3 할 일(과목):　　　　　　　　　　　　　　시간 ( )시 ( )분 ~
　　　　　　　　　　　　　　　　　　　( )시 ( )분
　　　　　　　　　　　　　　　　　확인 ○ △ ✕

4 할 일(과목):　　　　　　　　　　　　　　시간 ( )시 ( )분 ~
　　　　　　　　　　　　　　　　　　　( )시 ( )분
　　　　　　　　　　　　　　　　　확인 ○ △ ✕

5 할 일(과목):　　　　　　　　　　　　　　시간 ( )시 ( )분 ~
　　　　　　　　　　　　　　　　　　　( )시 ( )분
　　　　　　　　　　　　　　　　　확인 ○ △ ✕

6 할 일(과목):　　　　　　　　　　　　　　시간 ( )시 ( )분 ~
　　　　　　　　　　　　　　　　　　　( )시 ( )분
　　　　　　　　　　　　　　　　　확인 ○ △ ✕

7 할 일(과목):　　　　　　　　　　　　　　시간 ( )시 ( )분 ~
　　　　　　　　　　　　　　　　　　　( )시 ( )분
　　　　　　　　　　　　　　　　　확인 ○ △ ✕

메모 / 잡생각 휴지통

 놀이 계획

 하루 평가

<table>
<tr><td>월</td><td>째 주</td></tr>
</table>

나의 진로 목표 |

나의 성적 목표 | 평균 (점) ⌐ (점)
성적 (등급) ⌐ (등급)

기본시간표

	월( )	화( )	수( )	목( )	금( )	토( )	일( )
01:00							
02:00							
03:00							
04:00							
05:00							
오전 06:00							
07:00							
08:00							
09:00							
10:00							
11:00							
12:00							
01:00							
02:00							
03:00							
04:00							
05:00							
오후 06:00							
07:00							
08:00							
09:00							
10:00							
11:00							
12:00							
01:00							

가용시간

주간계획

이번 주 총가용시간 _____시간   목표학습시간 _____시간

목표과목	시간	기타 일정	시간

Monday 월요일   월   일

- 목표와 주간계획을 확인했나요? ☐
- 오늘 해야 할 일을 우선순위에 따라 미리 결정했나요? ☐
- 공부에 방해되는 물건(컴퓨터, 만화책, 휴대폰 등)을 보이지 않게 치웠나요? ☐

1 할 일(과목):

시간 (   )시 (   )분 ~
(   )시 (   )분
확인 ○ △ ✕

2 할 일(과목):

시간 (   )시 (   )분 ~
(   )시 (   )분
확인 ○ △ ✕

3 할 일(과목):

시간 (   )시 (   )분 ~
(   )시 (   )분
확인 ○ △ ✕

4 할 일(과목):

시간 (   )시 (   )분 ~
(   )시 (   )분
확인 ○ △ ✕

5 할 일(과목):

시간 (   )시 (   )분 ~
(   )시 (   )분
확인 ○ △ ✕

6 할 일(과목):

시간 (   )시 (   )분 ~
(   )시 (   )분
확인 ○ △ ✕

7 할 일(과목):

시간 (   )시 (   )분 ~
(   )시 (   )분
확인 ○ △ ✕

메모 / 잡생각 휴지통

 놀이 계획

 하루 평가

- 목표와 주간계획을 확인했나요? ☐
- 오늘 해야 할 일을 우선순위에 따라 미리 결정했나요? ☐
- 공부에 방해되는 물건(컴퓨터, 만화책, 휴대폰 등)을 보이지 않게 치웠나요? ☐

1 | 할 일(과목): | 시간 ( )시 ( )분 ~ ( )시 ( )분
 확인 ○ △ ✕

2 | 할 일(과목): | 시간 ( )시 ( )분 ~ ( )시 ( )분
 확인 ○ △ ✕

3 | 할 일(과목): | 시간 ( )시 ( )분 ~ ( )시 ( )분
 확인 ○ △ ✕

4 | 할 일(과목): | 시간 ( )시 ( )분 ~ ( )시 ( )분
 확인 ○ △ ✕

5 | 할 일(과목): | 시간 ( )시 ( )분 ~ ( )시 ( )분
 확인 ○ △ ✕

6 | 할 일(과목): | 시간 ( )시 ( )분 ~ ( )시 ( )분
 확인 ○ △ ✕

7 | 할 일(과목): | 시간 ( )시 ( )분 ~ ( )시 ( )분
 확인 ○ △ ✕

메모 / 잡생각 휴지통

 놀이 계획

 하루 평가

- 목표와 주간계획을 확인했나요? ☐
- 오늘 해야 할 일을 우선순위에 따라 미리 결정했나요? ☐
- 공부에 방해되는 물건(컴퓨터, 만화책, 휴대폰 등)을 보이지 않게 치웠나요? ☐

1 할 일(과목): | 시간 ( )시 ( )분 ~ ( )시 ( )분
확인 ○ △ ✕

2 할 일(과목): | 시간 ( )시 ( )분 ~ ( )시 ( )분
확인 ○ △ ✕

3 할 일(과목): | 시간 ( )시 ( )분 ~ ( )시 ( )분
확인 ○ △ ✕

4 할 일(과목): | 시간 ( )시 ( )분 ~ ( )시 ( )분
확인 ○ △ ✕

5 할 일(과목): | 시간 ( )시 ( )분 ~ ( )시 ( )분
확인 ○ △ ✕

6 할 일(과목): | 시간 ( )시 ( )분 ~ ( )시 ( )분
확인 ○ △ ✕

7 할 일(과목): | 시간 ( )시 ( )분 ~ ( )시 ( )분
확인 ○ △ ✕

메모 / 잡생각 휴지통

 놀이 계획

 하루 평가

Thursday 목요일 　　월　　일

- 목표와 주간계획을 확인했나요? ☐
- 오늘 해야 할 일을 우선순위에 따라 미리 결정했나요? ☐
- 공부에 방해되는 물건(컴퓨터, 만화책, 휴대폰 등)을 보이지 않게 치웠나요? ☐

1 할 일(과목):
시간 (　　)시 (　　)분 ~
　　　(　　)시 (　　)분
확인 ○ △ ✕

2 할 일(과목):
시간 (　　)시 (　　)분 ~
　　　(　　)시 (　　)분
확인 ○ △ ✕

3 할 일(과목):
시간 (　　)시 (　　)분 ~
　　　(　　)시 (　　)분
확인 ○ △ ✕

4 할 일(과목):
시간 (　　)시 (　　)분 ~
　　　(　　)시 (　　)분
확인 ○ △ ✕

5 할 일(과목):
시간 (　　)시 (　　)분 ~
　　　(　　)시 (　　)분
확인 ○ △ ✕

6 할 일(과목):
시간 (　　)시 (　　)분 ~
　　　(　　)시 (　　)분
확인 ○ △ ✕

7 할 일(과목):
시간 (　　)시 (　　)분 ~
　　　(　　)시 (　　)분
확인 ○ △ ✕

메모 / 잡생각 휴지통 🗑

 놀이 계획

 하루 평가

- 목표와 주간계획을 확인했나요? ☐
- 오늘 해야 할 일을 우선순위에 따라 미리 결정했나요? ☐
- 공부에 방해되는 물건(컴퓨터, 만화책, 휴대폰 등)을 보이지 않게 치웠나요? ☐

1 할 일(과목):

시간 (   )시 (   )분 ~
(   )시 (   )분
확인 ○ △ ✕

2 할 일(과목):

시간 (   )시 (   )분 ~
(   )시 (   )분
확인 ○ △ ✕

3 할 일(과목):

시간 (   )시 (   )분 ~
(   )시 (   )분
확인 ○ △ ✕

4 할 일(과목):

시간 (   )시 (   )분 ~
(   )시 (   )분
확인 ○ △ ✕

5 할 일(과목):

시간 (   )시 (   )분 ~
(   )시 (   )분
확인 ○ △ ✕

6 할 일(과목):

시간 (   )시 (   )분 ~
(   )시 (   )분
확인 ○ △ ✕

7 할 일(과목):

시간 (   )시 (   )분 ~
(   )시 (   )분
확인 ○ △ ✕

메모 / 잡생각 휴지통

 놀이 계획

 하루 평가

- 목표와 주간계획을 확인했나요? ☐
- 오늘 해야 할 일을 우선순위에 따라 미리 결정했나요? ☐
- 공부에 방해되는 물건(컴퓨터, 만화책, 휴대폰 등)을 보이지 않게 치웠나요? ☐

1   할 일(과목):
시간 ( )시 ( )분 ~
( )시 ( )분
확인 ○ △ ✕

2   할 일(과목):
시간 ( )시 ( )분 ~
( )시 ( )분
확인 ○ △ ✕

3   할 일(과목):
시간 ( )시 ( )분 ~
( )시 ( )분
확인 ○ △ ✕

4   할 일(과목):
시간 ( )시 ( )분 ~
( )시 ( )분
확인 ○ △ ✕

5   할 일(과목):
시간 ( )시 ( )분 ~
( )시 ( )분
확인 ○ △ ✕

6   할 일(과목):
시간 ( )시 ( )분 ~
( )시 ( )분
확인 ○ △ ✕

7   할 일(과목):
시간 ( )시 ( )분 ~
( )시 ( )분
확인 ○ △ ✕

메모 / 잡생각 휴지통

 놀이 계획

 하루 평가

- 목표와 주간계획을 확인했나요? ☐
- 오늘 해야 할 일을 우선순위에 따라 미리 결정했나요? ☐
- 공부에 방해되는 물건(컴퓨터, 만화책, 휴대폰 등)을 보이지 않게 치웠나요? ☐

1   할 일(과목):

시간 ( )시 ( )분 ~
( )시 ( )분
확인 ○ △ ✕

2   할 일(과목):

시간 ( )시 ( )분 ~
( )시 ( )분
확인 ○ △ ✕

3   할 일(과목):

시간 ( )시 ( )분 ~
( )시 ( )분
확인 ○ △ ✕

4   할 일(과목):

시간 ( )시 ( )분 ~
( )시 ( )분
확인 ○ △ ✕

5   할 일(과목):

시간 ( )시 ( )분 ~
( )시 ( )분
확인 ○ △ ✕

6   할 일(과목):

시간 ( )시 ( )분 ~
( )시 ( )분
확인 ○ △ ✕

7   할 일(과목):

시간 ( )시 ( )분 ~
( )시 ( )분
확인 ○ △ ✕

메모 / 잡생각 휴지통

 **놀이 계획**

 하루 평가

나의 진로 |
목표 |

나의 성적 | 평균 (점) → (점)
목표 | 성적 (등급) → (등급)

기본시간표

	월( )	화( )	수( )	목( )	금( )	토( )	일( )
01:00							
02:00							
03:00							
04:00							
05:00							
06:00							
07:00							
08:00							
09:00							
10:00							
11:00							
12:00							
01:00							
02:00							
03:00							
04:00							
05:00							
06:00							
07:00							
08:00							
09:00							
10:00							
11:00							
12:00							
01:00							

오전 / 오후

가용시간

주간계획

이번 주 총가용시간 _____ 시간   목표학습시간 _____ 시간

목표과목	시간	기타 일정	시간

- 목표와 주간계획을 확인했나요? ☐
- 오늘 해야 할 일을 우선순위에 따라 미리 결정했나요? ☐
- 공부에 방해되는 물건(컴퓨터, 만화책, 휴대폰 등)을 보이지 않게 치웠나요? ☐

1 할 일(과목):

시간 (   )시 (   )분 ~
(   )시 (   )분

확인 ○ △ ✕

2 할 일(과목):

시간 (   )시 (   )분 ~
(   )시 (   )분

확인 ○ △ ✕

3 할 일(과목):

시간 (   )시 (   )분 ~
(   )시 (   )분

확인 ○ △ ✕

4 할 일(과목):

시간 (   )시 (   )분 ~
(   )시 (   )분

확인 ○ △ ✕

5 할 일(과목):

시간 (   )시 (   )분 ~
(   )시 (   )분

확인 ○ △ ✕

6 할 일(과목):

시간 (   )시 (   )분 ~
(   )시 (   )분

확인 ○ △ ✕

7 할 일(과목):

시간 (   )시 (   )분 ~
(   )시 (   )분

확인 ○ △ ✕

메모 / 잡생각 휴지통

 놀이 계획

 하루 평가

Tuesday 화요일 | 월 일

- 목표와 주간계획을 확인했나요? ☐
- 오늘 해야 할 일을 우선순위에 따라 미리 결정했나요? ☐
- 공부에 방해되는 물건(컴퓨터, 만화책, 휴대폰 등)을 보이지 않게 치웠나요? ☐

1 할 일(과목):

시간 ( )시 ( )분 ~
( )시 ( )분
확인 ○ △ ✕

2 할 일(과목):

시간 ( )시 ( )분 ~
( )시 ( )분
확인 ○ △ ✕

3 할 일(과목):

시간 ( )시 ( )분 ~
( )시 ( )분
확인 ○ △ ✕

4 할 일(과목):

시간 ( )시 ( )분 ~
( )시 ( )분
확인 ○ △ ✕

5 할 일(과목):

시간 ( )시 ( )분 ~
( )시 ( )분
확인 ○ △ ✕

6 할 일(과목):

시간 ( )시 ( )분 ~
( )시 ( )분
확인 ○ △ ✕

7 할 일(과목):

시간 ( )시 ( )분 ~
( )시 ( )분
확인 ○ △ ✕

메모 / 잡생각 휴지통

 놀이 계획

 하루 평가

Wednesday 수요일

- 목표와 주간계획을 확인했나요? ☐
- 오늘 해야 할 일을 우선순위에 따라 미리 결정했나요? ☐
- 공부에 방해되는 물건(컴퓨터, 만화책, 휴대폰 등)을 보이지 않게 치웠나요? ☐

1 할 일(과목):

시간 (   )시 (   )분 ~
     (   )시 (   )분
확인 ○ △ ✕

2 할 일(과목):

시간 (   )시 (   )분 ~
     (   )시 (   )분
확인 ○ △ ✕

3 할 일(과목):

시간 (   )시 (   )분 ~
     (   )시 (   )분
확인 ○ △ ✕

4 할 일(과목):

시간 (   )시 (   )분 ~
     (   )시 (   )분
확인 ○ △ ✕

5 할 일(과목):

시간 (   )시 (   )분 ~
     (   )시 (   )분
확인 ○ △ ✕

6 할 일(과목):

시간 (   )시 (   )분 ~
     (   )시 (   )분
확인 ○ △ ✕

7 할 일(과목):

시간 (   )시 (   )분 ~
     (   )시 (   )분
확인 ○ △ ✕

메모 / 잡생각 휴지통

 놀이 계획

 하루 평가

Thursday 목요일 | 월 일

- 목표와 주간계획을 확인했나요? □
- 오늘 해야 할 일을 우선순위에 따라 미리 결정했나요? □
- 공부에 방해되는 물건(컴퓨터, 만화책, 휴대폰 등)을 보이지 않게 치웠나요? □

1 할 일(과목):
시간 ( )시 ( )분 ~
( )시 ( )분
확인 ○ △ ✕

2 할 일(과목):
시간 ( )시 ( )분 ~
( )시 ( )분
확인 ○ △ ✕

3 할 일(과목):
시간 ( )시 ( )분 ~
( )시 ( )분
확인 ○ △ ✕

4 할 일(과목):
시간 ( )시 ( )분 ~
( )시 ( )분
확인 ○ △ ✕

5 할 일(과목):
시간 ( )시 ( )분 ~
( )시 ( )분
확인 ○ △ ✕

6 할 일(과목):
시간 ( )시 ( )분 ~
( )시 ( )분
확인 ○ △ ✕

7 할 일(과목):
시간 ( )시 ( )분 ~
( )시 ( )분
확인 ○ △ ✕

메모 / 잡생각 휴지통

 놀이 계획

 하루 평가

- 목표와 주간계획을 확인했나요? ☐
- 오늘 해야 할 일을 우선순위에 따라 미리 결정했나요? ☐
- 공부에 방해되는 물건(컴퓨터, 만화책, 휴대폰 등)을 보이지 않게 치웠나요? ☐

1　할 일(과목):　　　　　　　　　　시간 (　　)시 (　　)분 ~
　　　　　　　　　　　　　　　　　　　　　　 (　　)시 (　　)분
　　　　　　　　　　　　　　　　　　확인 ○ △ ✕

2　할 일(과목):　　　　　　　　　　시간 (　　)시 (　　)분 ~
　　　　　　　　　　　　　　　　　　　　　　 (　　)시 (　　)분
　　　　　　　　　　　　　　　　　　확인 ○ △ ✕

3　할 일(과목):　　　　　　　　　　시간 (　　)시 (　　)분 ~
　　　　　　　　　　　　　　　　　　　　　　 (　　)시 (　　)분
　　　　　　　　　　　　　　　　　　확인 ○ △ ✕

4　할 일(과목):　　　　　　　　　　시간 (　　)시 (　　)분 ~
　　　　　　　　　　　　　　　　　　　　　　 (　　)시 (　　)분
　　　　　　　　　　　　　　　　　　확인 ○ △ ✕

5　할 일(과목):　　　　　　　　　　시간 (　　)시 (　　)분 ~
　　　　　　　　　　　　　　　　　　　　　　 (　　)시 (　　)분
　　　　　　　　　　　　　　　　　　확인 ○ △ ✕

6　할 일(과목):　　　　　　　　　　시간 (　　)시 (　　)분 ~
　　　　　　　　　　　　　　　　　　　　　　 (　　)시 (　　)분
　　　　　　　　　　　　　　　　　　확인 ○ △ ✕

7　할 일(과목):　　　　　　　　　　시간 (　　)시 (　　)분 ~
　　　　　　　　　　　　　　　　　　　　　　 (　　)시 (　　)분
　　　　　　　　　　　　　　　　　　확인 ○ △ ✕

메모 / 잡생각 휴지통

 놀이 계획

 하루 평가

Saturday 토요일 　　월　　　일

- 목표와 주간계획을 확인했나요? ☐
- 오늘 해야 할 일을 우선순위에 따라 미리 결정했나요? ☐
- 공부에 방해되는 물건(컴퓨터, 만화책, 휴대폰 등)을 보이지 않게 치웠나요? ☐

1 할 일(과목):　　　　　　　　　　　　　　　　시간 (　　)시 (　　)분 ~
　　　　　　　　　　　　　　　　　　　　　　　　　　　　　(　　)시 (　　)분
　　　　　　　　　　　　　　　　　　　　　　　확인 ○ △ ✕

2 할 일(과목):　　　　　　　　　　　　　　　　시간 (　　)시 (　　)분 ~
　　　　　　　　　　　　　　　　　　　　　　　　　　　　　(　　)시 (　　)분
　　　　　　　　　　　　　　　　　　　　　　　확인 ○ △ ✕

3 할 일(과목):　　　　　　　　　　　　　　　　시간 (　　)시 (　　)분 ~
　　　　　　　　　　　　　　　　　　　　　　　　　　　　　(　　)시 (　　)분
　　　　　　　　　　　　　　　　　　　　　　　확인 ○ △ ✕

4 할 일(과목):　　　　　　　　　　　　　　　　시간 (　　)시 (　　)분 ~
　　　　　　　　　　　　　　　　　　　　　　　　　　　　　(　　)시 (　　)분
　　　　　　　　　　　　　　　　　　　　　　　확인 ○ △ ✕

5 할 일(과목):　　　　　　　　　　　　　　　　시간 (　　)시 (　　)분 ~
　　　　　　　　　　　　　　　　　　　　　　　　　　　　　(　　)시 (　　)분
　　　　　　　　　　　　　　　　　　　　　　　확인 ○ △ ✕

6 할 일(과목):　　　　　　　　　　　　　　　　시간 (　　)시 (　　)분 ~
　　　　　　　　　　　　　　　　　　　　　　　　　　　　　(　　)시 (　　)분
　　　　　　　　　　　　　　　　　　　　　　　확인 ○ △ ✕

7 할 일(과목):　　　　　　　　　　　　　　　　시간 (　　)시 (　　)분 ~
　　　　　　　　　　　　　　　　　　　　　　　　　　　　　(　　)시 (　　)분
　　　　　　　　　　　　　　　　　　　　　　　확인 ○ △ ✕

메모 / 잡생각 휴지통

놀이 계획

하루 평가

- 목표와 주간계획을 확인했나요? ☐
- 오늘 해야 할 일을 우선순위에 따라 미리 결정했나요? ☐
- 공부에 방해되는 물건(컴퓨터, 만화책, 휴대폰 등)을 보이지 않게 치웠나요? ☐

1　할 일(과목):　　　　　　　　　　　　　　　시간 (　)시 (　)분 ~ (　)시 (　)분
　　　　　　　　　　　　　　　　　　　　　　확인 ○ △ ✕

2　할 일(과목):　　　　　　　　　　　　　　　시간 (　)시 (　)분 ~ (　)시 (　)분
　　　　　　　　　　　　　　　　　　　　　　확인 ○ △ ✕

3　할 일(과목):　　　　　　　　　　　　　　　시간 (　)시 (　)분 ~ (　)시 (　)분
　　　　　　　　　　　　　　　　　　　　　　확인 ○ △ ✕

4　할 일(과목):　　　　　　　　　　　　　　　시간 (　)시 (　)분 ~ (　)시 (　)분
　　　　　　　　　　　　　　　　　　　　　　확인 ○ △ ✕

5　할 일(과목):　　　　　　　　　　　　　　　시간 (　)시 (　)분 ~ (　)시 (　)분
　　　　　　　　　　　　　　　　　　　　　　확인 ○ △ ✕

6　할 일(과목):　　　　　　　　　　　　　　　시간 (　)시 (　)분 ~ (　)시 (　)분
　　　　　　　　　　　　　　　　　　　　　　확인 ○ △ ✕

7　할 일(과목):　　　　　　　　　　　　　　　시간 (　)시 (　)분 ~ (　)시 (　)분
　　　　　　　　　　　　　　　　　　　　　　확인 ○ △ ✕

메모 / 잡생각 휴지통

 **놀이 계획**

 하루 평가

나의 진로 |
목표 |

나의 성적 | 평균 (점) → (점)
목표 | 성적 (등급) → (등급)

기본시간표

	월( )	화( )	수( )	목( )	금( )	토( )	일( )
01:00							
02:00							
03:00							
04:00							
05:00							
오전 06:00							
07:00							
08:00							
09:00							
10:00							
11:00							
12:00							
01:00							
02:00							
03:00							
04:00							
05:00							
오후 06:00							
07:00							
08:00							
09:00							
10:00							
11:00							
12:00							
01:00							

가용시간

주간계획

이번 주 총가용시간 _____ 시간   목표학습시간 _____ 시간

목표과목	시간	기타 일정	시간

Monday 월요일 　　월　　　일

- 목표와 주간계획을 확인했나요? □
- 오늘 해야 할 일을 우선순위에 따라 미리 결정했나요? □
- 공부에 방해되는 물건(컴퓨터, 만화책, 휴대폰 등)을 보이지 않게 치웠나요? □

1 할 일(과목):

시간 ( )시 ( )분 ~
( )시 ( )분
확인 ○ △ ✕

2 할 일(과목):

시간 ( )시 ( )분 ~
( )시 ( )분
확인 ○ △ ✕

3 할 일(과목):

시간 ( )시 ( )분 ~
( )시 ( )분
확인 ○ △ ✕

4 할 일(과목):

시간 ( )시 ( )분 ~
( )시 ( )분
확인 ○ △ ✕

5 할 일(과목):

시간 ( )시 ( )분 ~
( )시 ( )분
확인 ○ △ ✕

6 할 일(과목):

시간 ( )시 ( )분 ~
( )시 ( )분
확인 ○ △ ✕

7 할 일(과목):

시간 ( )시 ( )분 ~
( )시 ( )분
확인 ○ △ ✕

메모 / 잡생각 휴지통

 놀이 계획

 하루 평가

Tuesday 화요일　　월　　일

- 목표와 주간계획을 확인했나요? ☐
- 오늘 해야 할 일을 우선순위에 따라 미리 결정했나요? ☐
- 공부에 방해되는 물건(컴퓨터, 만화책, 휴대폰 등)을 보이지 않게 치웠나요? ☐

1 할 일(과목):

시간 (　　)시 (　　)분 ~
　　　(　　)시 (　　)분
확인 ◯ △ ✕

2 할 일(과목):

시간 (　　)시 (　　)분 ~
　　　(　　)시 (　　)분
확인 ◯ △ ✕

3 할 일(과목):

시간 (　　)시 (　　)분 ~
　　　(　　)시 (　　)분
확인 ◯ △ ✕

4 할 일(과목):

시간 (　　)시 (　　)분 ~
　　　(　　)시 (　　)분
확인 ◯ △ ✕

5 할 일(과목):

시간 (　　)시 (　　)분 ~
　　　(　　)시 (　　)분
확인 ◯ △ ✕

6 할 일(과목):

시간 (　　)시 (　　)분 ~
　　　(　　)시 (　　)분
확인 ◯ △ ✕

7 할 일(과목):

시간 (　　)시 (　　)분 ~
　　　(　　)시 (　　)분
확인 ◯ △ ✕

메모 / 잡생각 휴지통

 놀이 계획

 하루 평가

Wednesday 수요일　　　　월　　　일

- 목표와 주간계획을 확인했나요? ☐
- 오늘 해야 할 일을 우선순위에 따라 미리 결정했나요? ☐
- 공부에 방해되는 물건(컴퓨터, 만화책, 휴대폰 등)을 보이지 않게 치웠나요? ☐

1 할 일(과목):　　　　　　　　　　　　　시간 (　)시 (　)분 ~
　　　　　　　　　　　　　　　　　　　　　 (　)시 (　)분
　　　　　　　　　　　　　　　　　　　 확인 ○ △ ✕

2 할 일(과목):　　　　　　　　　　　　　시간 (　)시 (　)분 ~
　　　　　　　　　　　　　　　　　　　　　 (　)시 (　)분
　　　　　　　　　　　　　　　　　　　 확인 ○ △ ✕

3 할 일(과목):　　　　　　　　　　　　　시간 (　)시 (　)분 ~
　　　　　　　　　　　　　　　　　　　　　 (　)시 (　)분
　　　　　　　　　　　　　　　　　　　 확인 ○ △ ✕

4 할 일(과목):　　　　　　　　　　　　　시간 (　)시 (　)분 ~
　　　　　　　　　　　　　　　　　　　　　 (　)시 (　)분
　　　　　　　　　　　　　　　　　　　 확인 ○ △ ✕

5 할 일(과목):　　　　　　　　　　　　　시간 (　)시 (　)분 ~
　　　　　　　　　　　　　　　　　　　　　 (　)시 (　)분
　　　　　　　　　　　　　　　　　　　 확인 ○ △ ✕

6 할 일(과목):　　　　　　　　　　　　　시간 (　)시 (　)분 ~
　　　　　　　　　　　　　　　　　　　　　 (　)시 (　)분
　　　　　　　　　　　　　　　　　　　 확인 ○ △ ✕

7 할 일(과목):　　　　　　　　　　　　　시간 (　)시 (　)분 ~
　　　　　　　　　　　　　　　　　　　　　 (　)시 (　)분
　　　　　　　　　　　　　　　　　　　 확인 ○ △ ✕

메모 / 잡생각 휴지통 　　　　　　 **놀이 계획**

 하루 평가

Thursday 목요일 　　월　　일

- 목표와 주간계획을 확인했나요? ☐
- 오늘 해야 할 일을 우선순위에 따라 미리 결정했나요? ☐
- 공부에 방해되는 물건(컴퓨터, 만화책, 휴대폰 등)을 보이지 않게 치웠나요? ☐

1　할 일(과목):
　　　　시간 (　　)시 (　　)분 ~ (　　)시 (　　)분
　　　　확인 ○ △ ✕

2　할 일(과목):
　　　　시간 (　　)시 (　　)분 ~ (　　)시 (　　)분
　　　　확인 ○ △ ✕

3　할 일(과목):
　　　　시간 (　　)시 (　　)분 ~ (　　)시 (　　)분
　　　　확인 ○ △ ✕

4　할 일(과목):
　　　　시간 (　　)시 (　　)분 ~ (　　)시 (　　)분
　　　　확인 ○ △ ✕

5　할 일(과목):
　　　　시간 (　　)시 (　　)분 ~ (　　)시 (　　)분
　　　　확인 ○ △ ✕

6　할 일(과목):
　　　　시간 (　　)시 (　　)분 ~ (　　)시 (　　)분
　　　　확인 ○ △ ✕

7　할 일(과목):
　　　　시간 (　　)시 (　　)분 ~ (　　)시 (　　)분
　　　　확인 ○ △ ✕

메모 / 잡생각 휴지통

 놀이 계획

 하루 평가

Friday 금요일 　　월　　일

- 목표와 주간계획을 확인했나요? □
- 오늘 해야 할 일을 우선순위에 따라 미리 결정했나요? □
- 공부에 방해되는 물건(컴퓨터, 만화책, 휴대폰 등)을 보이지 않게 치웠나요? □

1 　할 일(과목):

시간 (　　)시 (　　)분 ~
　　　(　　)시 (　　)분
확인 ○ △ ✕

2 　할 일(과목):

시간 (　　)시 (　　)분 ~
　　　(　　)시 (　　)분
확인 ○ △ ✕

3 　할 일(과목):

시간 (　　)시 (　　)분 ~
　　　(　　)시 (　　)분
확인 ○ △ ✕

4 　할 일(과목):

시간 (　　)시 (　　)분 ~
　　　(　　)시 (　　)분
확인 ○ △ ✕

5 　할 일(과목):

시간 (　　)시 (　　)분 ~
　　　(　　)시 (　　)분
확인 ○ △ ✕

6 　할 일(과목):

시간 (　　)시 (　　)분 ~
　　　(　　)시 (　　)분
확인 ○ △ ✕

7 　할 일(과목):

시간 (　　)시 (　　)분 ~
　　　(　　)시 (　　)분
확인 ○ △ ✕

메모 / 잡생각 휴지통

 **놀이 계획**

하루 평가

- 목표와 주간계획을 확인했나요? ☐
- 오늘 해야 할 일을 우선순위에 따라 미리 결정했나요? ☐
- 공부에 방해되는 물건(컴퓨터, 만화책, 휴대폰 등)을 보이지 않게 치웠나요? ☐

1 할 일(과목):

시간 ( )시 ( )분 ~
( )시 ( )분
확인 ○ △ ✕

2 할 일(과목):

시간 ( )시 ( )분 ~
( )시 ( )분
확인 ○ △ ✕

3 할 일(과목):

시간 ( )시 ( )분 ~
( )시 ( )분
확인 ○ △ ✕

4 할 일(과목):

시간 ( )시 ( )분 ~
( )시 ( )분
확인 ○ △ ✕

5 할 일(과목):

시간 ( )시 ( )분 ~
( )시 ( )분
확인 ○ △ ✕

6 할 일(과목):

시간 ( )시 ( )분 ~
( )시 ( )분
확인 ○ △ ✕

7 할 일(과목):

시간 ( )시 ( )분 ~
( )시 ( )분
확인 ○ △ ✕

메모 / 잡생각 휴지통

 놀이 계획

 하루 평가

• 목표와 주간계획을 확인했나요? ☐

• 오늘 해야 할 일을 우선순위에 따라 미리 결정했나요? ☐

• 공부에 방해되는 물건(컴퓨터, 만화책, 휴대폰 등)을 보이지 않게 치웠나요? ☐

1 할 일(과목):

시간 ( )시 ( )분 ~
( )시 ( )분

확인 ○ △ ✕

2 할 일(과목):

시간 ( )시 ( )분 ~
( )시 ( )분

확인 ○ △ ✕

3 할 일(과목):

시간 ( )시 ( )분 ~
( )시 ( )분

확인 ○ △ ✕

4 할 일(과목):

시간 ( )시 ( )분 ~
( )시 ( )분

확인 ○ △ ✕

5 할 일(과목):

시간 ( )시 ( )분 ~
( )시 ( )분

확인 ○ △ ✕

6 할 일(과목):

시간 ( )시 ( )분 ~
( )시 ( )분

확인 ○ △ ✕

7 할 일(과목):

시간 ( )시 ( )분 ~
( )시 ( )분

확인 ○ △ ✕

메모 / 잡생각 휴지통

 놀이 계획

 하루 평가

월 　째 주

나의 진로 목표 |

나의 성적 | 평균 (　　　　점) → (　　　　점)
목표 | 성적 (　　　　등급) → (　　　　등급)

기본시간표

	월(　)	화(　)	수(　)	목(　)	금(　)	토(　)	일(　)
01:00							
02:00							
03:00							
04:00							
05:00							
06:00							
07:00							
08:00							
09:00							
10:00							
11:00							
12:00							
01:00							
02:00							
03:00							
04:00							
05:00							
06:00							
07:00							
08:00							
09:00							
10:00							
11:00							
12:00							
01:00							

오전
오후
가용시간

주간계획

이번 주 총가용시간 _____시간　　　목표학습시간 _____시간

목표과목	시간	기타 일정	시간

Monday 월요일 | 월   일

- 목표와 주간계획을 확인했나요? □
- 오늘 해야 할 일을 우선순위에 따라 미리 결정했나요? □
- 공부에 방해되는 물건(컴퓨터, 만화책, 휴대폰 등)을 보이지 않게 치웠나요? □

	할 일(과목):	시간 ( )시 ( )분 ~ ( )시 ( )분 확인 ○ △ ✕
1	할 일(과목):	시간 ( )시 ( )분 ~ ( )시 ( )분 확인 ○ △ ✕
2	할 일(과목):	시간 ( )시 ( )분 ~ ( )시 ( )분 확인 ○ △ ✕
3	할 일(과목):	시간 ( )시 ( )분 ~ ( )시 ( )분 확인 ○ △ ✕
4	할 일(과목):	시간 ( )시 ( )분 ~ ( )시 ( )분 확인 ○ △ ✕
5	할 일(과목):	시간 ( )시 ( )분 ~ ( )시 ( )분 확인 ○ △ ✕
6	할 일(과목):	시간 ( )시 ( )분 ~ ( )시 ( )분 확인 ○ △ ✕
7	할 일(과목):	시간 ( )시 ( )분 ~ ( )시 ( )분 확인 ○ △ ✕

메모 / 잡생각 휴지통

놀이 계획

하루 평가

- 목표와 주간계획을 확인했나요? □
- 오늘 해야 할 일을 우선순위에 따라 미리 결정했나요? □
- 공부에 방해되는 물건(컴퓨터, 만화책, 휴대폰 등)을 보이지 않게 치웠나요? □

	할 일(과목):	시간 ( )시 ( )분 ~ ( )시 ( )분
1		확인 ○ △ ✕
2	할 일(과목):	시간 ( )시 ( )분 ~ ( )시 ( )분
		확인 ○ △ ✕
3	할 일(과목):	시간 ( )시 ( )분 ~ ( )시 ( )분
		확인 ○ △ ✕
4	할 일(과목):	시간 ( )시 ( )분 ~ ( )시 ( )분
		확인 ○ △ ✕
5	할 일(과목):	시간 ( )시 ( )분 ~ ( )시 ( )분
		확인 ○ △ ✕
6	할 일(과목):	시간 ( )시 ( )분 ~ ( )시 ( )분
		확인 ○ △ ✕
7	할 일(과목):	시간 ( )시 ( )분 ~ ( )시 ( )분
		확인 ○ △ ✕

메모 / 잡생각 휴지통

 놀이 계획

 하루 평가

Wednesday 수요일 | 월   일

- 목표와 주간계획을 확인했나요? ☐
- 오늘 해야 할 일을 우선순위에 따라 미리 결정했나요? ☐
- 공부에 방해되는 물건(컴퓨터, 만화책, 휴대폰 등)을 보이지 않게 치웠나요? ☐

1
할 일(과목):
시간 (   )시 (   )분 ~
    (   )시 (   )분
확인 ○ △ ✕

2
할 일(과목):
시간 (   )시 (   )분 ~
    (   )시 (   )분
확인 ○ △ ✕

3
할 일(과목):
시간 (   )시 (   )분 ~
    (   )시 (   )분
확인 ○ △ ✕

4
할 일(과목):
시간 (   )시 (   )분 ~
    (   )시 (   )분
확인 ○ △ ✕

5
할 일(과목):
시간 (   )시 (   )분 ~
    (   )시 (   )분
확인 ○ △ ✕

6
할 일(과목):
시간 (   )시 (   )분 ~
    (   )시 (   )분
확인 ○ △ ✕

7
할 일(과목):
시간 (   )시 (   )분 ~
    (   )시 (   )분
확인 ○ △ ✕

메모 / 잡생각 휴지통

 놀이 계획

 하루 평가

- 목표와 주간계획을 확인했나요? ☐
- 오늘 해야 할 일을 우선순위에 따라 미리 결정했나요? ☐
- 공부에 방해되는 물건(컴퓨터, 만화책, 휴대폰 등)을 보이지 않게 치웠나요? ☐

1
할 일(과목):
시간 ( )시 ( )분 ~
( )시 ( )분
확인 ○ △ ✕

2
할 일(과목):
시간 ( )시 ( )분 ~
( )시 ( )분
확인 ○ △ ✕

3
할 일(과목):
시간 ( )시 ( )분 ~
( )시 ( )분
확인 ○ △ ✕

4
할 일(과목):
시간 ( )시 ( )분 ~
( )시 ( )분
확인 ○ △ ✕

5
할 일(과목):
시간 ( )시 ( )분 ~
( )시 ( )분
확인 ○ △ ✕

6
할 일(과목):
시간 ( )시 ( )분 ~
( )시 ( )분
확인 ○ △ ✕

7
할 일(과목):
시간 ( )시 ( )분 ~
( )시 ( )분
확인 ○ △ ✕

메모 / 잡생각 휴지통

 놀이 계획

 하루 평가

- 목표와 주간계획을 확인했나요? ☐
- 오늘 해야 할 일을 우선순위에 따라 미리 결정했나요? ☐
- 공부에 방해되는 물건(컴퓨터, 만화책, 휴대폰 등)을 보이지 않게 치웠나요? ☐

1	할 일(과목):	시간 ( )시 ( )분 ~ ( )시 ( )분 확인 ○ △ ✕
2	할 일(과목):	시간 ( )시 ( )분 ~ ( )시 ( )분 확인 ○ △ ✕
3	할 일(과목):	시간 ( )시 ( )분 ~ ( )시 ( )분 확인 ○ △ ✕
4	할 일(과목):	시간 ( )시 ( )분 ~ ( )시 ( )분 확인 ○ △ ✕
5	할 일(과목):	시간 ( )시 ( )분 ~ ( )시 ( )분 확인 ○ △ ✕
6	할 일(과목):	시간 ( )시 ( )분 ~ ( )시 ( )분 확인 ○ △ ✕
7	할 일(과목):	시간 ( )시 ( )분 ~ ( )시 ( )분 확인 ○ △ ✕

메모 / 잡생각 휴지통

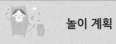 놀이 계획

 하루 평가

- 목표와 주간계획을 확인했나요? ☐
- 오늘 해야 할 일을 우선순위에 따라 미리 결정했나요? ☐
- 공부에 방해되는 물건(컴퓨터, 만화책, 휴대폰 등)을 보이지 않게 치웠나요? ☐

1 할 일(과목):

시간 (   )시 (   )분 ~
    (   )시 (   )분
확인 ○ △ ✕

2 할 일(과목):

시간 (   )시 (   )분 ~
    (   )시 (   )분
확인 ○ △ ✕

3 할 일(과목):

시간 (   )시 (   )분 ~
    (   )시 (   )분
확인 ○ △ ✕

4 할 일(과목):

시간 (   )시 (   )분 ~
    (   )시 (   )분
확인 ○ △ ✕

5 할 일(과목):

시간 (   )시 (   )분 ~
    (   )시 (   )분
확인 ○ △ ✕

6 할 일(과목):

시간 (   )시 (   )분 ~
    (   )시 (   )분
확인 ○ △ ✕

7 할 일(과목):

시간 (   )시 (   )분 ~
    (   )시 (   )분
확인 ○ △ ✕

메모 / 잡생각 휴지통

 놀이 계획

 하루 평가

Sunday 일요일 | 월 일

- 목표와 주간계획을 확인했나요? ☐
- 오늘 해야 할 일을 우선순위에 따라 미리 결정했나요? ☐
- 공부에 방해되는 물건(컴퓨터, 만화책, 휴대폰 등)을 보이지 않게 치웠나요? ☐

1 할 일(과목): 시간 ( )시 ( )분 ~
( )시 ( )분
확인 ○ △ ✕

2 할 일(과목): 시간 ( )시 ( )분 ~
( )시 ( )분
확인 ○ △ ✕

3 할 일(과목): 시간 ( )시 ( )분 ~
( )시 ( )분
확인 ○ △ ✕

4 할 일(과목): 시간 ( )시 ( )분 ~
( )시 ( )분
확인 ○ △ ✕

5 할 일(과목): 시간 ( )시 ( )분 ~
( )시 ( )분
확인 ○ △ ✕

6 할 일(과목): 시간 ( )시 ( )분 ~
( )시 ( )분
확인 ○ △ ✕

7 할 일(과목): 시간 ( )시 ( )분 ~
( )시 ( )분
확인 ○ △ ✕

메모 / 잡생각 휴지통

 놀이 계획

 하루 평가

월　　　　　째 주

나의 진로
목표 |

나의 성적 ┃ 평균 (　　　　점) ⌐ (　　　　점)
목표 ┃ 성적 (　　　　등급) ⌐ (　　　　등급)

기본시간표

	월(　)	화(　)	수(　)	목(　)	금(　)	토(　)	일(　)
01:00							
02:00							
03:00							
04:00							
05:00							
오전 06:00							
07:00							
08:00							
09:00							
10:00							
11:00							
12:00							
01:00							
02:00							
03:00							
04:00							
05:00							
오후 06:00							
07:00							
08:00							
09:00							
10:00							
11:00							
12:00							
01:00							
가용시간							

🐧 주간계획

이번 주 총가용시간 _____ 시간　　　목표학습시간 _____ 시간

목표과목	시간	기타 일정	시간

Monday 월요일   월   일

- 목표와 주간계획을 확인했나요? ☐
- 오늘 해야 할 일을 우선순위에 따라 미리 결정했나요? ☐
- 공부에 방해되는 물건(컴퓨터, 만화책, 휴대폰 등)을 보이지 않게 치웠나요? ☐

1 할 일(과목):

시간 (   )시 (   )분 ~
(   )시 (   )분
확인 ○ △ ✕

2 할 일(과목):

시간 (   )시 (   )분 ~
(   )시 (   )분
확인 ○ △ ✕

3 할 일(과목):

시간 (   )시 (   )분 ~
(   )시 (   )분
확인 ○ △ ✕

4 할 일(과목):

시간 (   )시 (   )분 ~
(   )시 (   )분
확인 ○ △ ✕

5 할 일(과목):

시간 (   )시 (   )분 ~
(   )시 (   )분
확인 ○ △ ✕

6 할 일(과목):

시간 (   )시 (   )분 ~
(   )시 (   )분
확인 ○ △ ✕

7 할 일(과목):

시간 (   )시 (   )분 ~
(   )시 (   )분
확인 ○ △ ✕

메모 / 잡생각 휴지통

 놀이 계획

 하루 평가

Tuesday 화요일 　　월　　　일

- 목표와 주간계획을 확인했나요? ☐
- 오늘 해야 할 일을 우선순위에 따라 미리 결정했나요? ☐
- 공부에 방해되는 물건(컴퓨터, 만화책, 휴대폰 등)을 보이지 않게 치웠나요? ☐

1　할 일(과목):
　　시간 (　　)시 (　　)분 ~
　　　　 (　　)시 (　　)분
　　확인 ○ △ ✕

2　할 일(과목):
　　시간 (　　)시 (　　)분 ~
　　　　 (　　)시 (　　)분
　　확인 ○ △ ✕

3　할 일(과목):
　　시간 (　　)시 (　　)분 ~
　　　　 (　　)시 (　　)분
　　확인 ○ △ ✕

4　할 일(과목):
　　시간 (　　)시 (　　)분 ~
　　　　 (　　)시 (　　)분
　　확인 ○ △ ✕

5　할 일(과목):
　　시간 (　　)시 (　　)분 ~
　　　　 (　　)시 (　　)분
　　확인 ○ △ ✕

6　할 일(과목):
　　시간 (　　)시 (　　)분 ~
　　　　 (　　)시 (　　)분
　　확인 ○ △ ✕

7　할 일(과목):
　　시간 (　　)시 (　　)분 ~
　　　　 (　　)시 (　　)분
　　확인 ○ △ ✕

메모 / 잡생각 휴지통

놀이 계획

하루 평가

Wednesday 수요일 | 월   일

- 목표와 주간계획을 확인했나요? ☐
- 오늘 해야 할 일을 우선순위에 따라 미리 결정했나요? ☐
- 공부에 방해되는 물건(컴퓨터, 만화책, 휴대폰 등)을 보이지 않게 치웠나요? ☐

1 할 일(과목):

시간 (   )시 (   )분 ~
(   )시 (   )분
확인 ○ △ ✕

2 할 일(과목):

시간 (   )시 (   )분 ~
(   )시 (   )분
확인 ○ △ ✕

3 할 일(과목):

시간 (   )시 (   )분 ~
(   )시 (   )분
확인 ○ △ ✕

4 할 일(과목):

시간 (   )시 (   )분 ~
(   )시 (   )분
확인 ○ △ ✕

5 할 일(과목):

시간 (   )시 (   )분 ~
(   )시 (   )분
확인 ○ △ ✕

6 할 일(과목):

시간 (   )시 (   )분 ~
(   )시 (   )분
확인 ○ △ ✕

7 할 일(과목):

시간 (   )시 (   )분 ~
(   )시 (   )분
확인 ○ △ ✕

메모 / 잡생각 휴지통

 놀이 계획

 하루 평가

- 목표와 주간계획을 확인했나요? □
- 오늘 해야 할 일을 우선순위에 따라 미리 결정했나요? □
- 공부에 방해되는 물건(컴퓨터, 만화책, 휴대폰 등)을 보이지 않게 치웠나요? □

1 할 일(과목):　　　　　　　　　　　　　　　　시간 ( )시 ( )분 ~ ( )시 ( )분
확인 ○ △ ✕

2 할 일(과목):　　　　　　　　　　　　　　　　시간 ( )시 ( )분 ~ ( )시 ( )분
확인 ○ △ ✕

3 할 일(과목):　　　　　　　　　　　　　　　　시간 ( )시 ( )분 ~ ( )시 ( )분
확인 ○ △ ✕

4 할 일(과목):　　　　　　　　　　　　　　　　시간 ( )시 ( )분 ~ ( )시 ( )분
확인 ○ △ ✕

5 할 일(과목):　　　　　　　　　　　　　　　　시간 ( )시 ( )분 ~ ( )시 ( )분
확인 ○ △ ✕

6 할 일(과목):　　　　　　　　　　　　　　　　시간 ( )시 ( )분 ~ ( )시 ( )분
확인 ○ △ ✕

7 할 일(과목):　　　　　　　　　　　　　　　　시간 ( )시 ( )분 ~ ( )시 ( )분
확인 ○ △ ✕

메모 / 잡생각 휴지통 　　　　　　 놀이 계획

 하루 평가

Friday 금요일   월   일

- 목표와 주간계획을 확인했나요? ☐
- 오늘 해야 할 일을 우선순위에 따라 미리 결정했나요? ☐
- 공부에 방해되는 물건(컴퓨터, 만화책, 휴대폰 등)을 보이지 않게 치웠나요? ☐

1
할 일(과목):

시간 (   )시 (   )분 ~
(   )시 (   )분
확인 ○ △ ✕

2
할 일(과목):

시간 (   )시 (   )분 ~
(   )시 (   )분
확인 ○ △ ✕

3
할 일(과목):

시간 (   )시 (   )분 ~
(   )시 (   )분
확인 ○ △ ✕

4
할 일(과목):

시간 (   )시 (   )분 ~
(   )시 (   )분
확인 ○ △ ✕

5
할 일(과목):

시간 (   )시 (   )분 ~
(   )시 (   )분
확인 ○ △ ✕

6
할 일(과목):

시간 (   )시 (   )분 ~
(   )시 (   )분
확인 ○ △ ✕

7
할 일(과목):

시간 (   )시 (   )분 ~
(   )시 (   )분
확인 ○ △ ✕

메모 / 잡생각 휴지통

 놀이 계획

 하루 평가

- 목표와 주간계획을 확인했나요? ☐
- 오늘 해야 할 일을 우선순위에 따라 미리 결정했나요? ☐
- 공부에 방해되는 물건(컴퓨터, 만화책, 휴대폰 등)을 보이지 않게 치웠나요? ☐

1	할 일(과목):	시간 ( )시 ( )분 ~ ( )시 ( )분 확인 ○ △ ✕
2	할 일(과목):	시간 ( )시 ( )분 ~ ( )시 ( )분 확인 ○ △ ✕
3	할 일(과목):	시간 ( )시 ( )분 ~ ( )시 ( )분 확인 ○ △ ✕
4	할 일(과목):	시간 ( )시 ( )분 ~ ( )시 ( )분 확인 ○ △ ✕
5	할 일(과목):	시간 ( )시 ( )분 ~ ( )시 ( )분 확인 ○ △ ✕
6	할 일(과목):	시간 ( )시 ( )분 ~ ( )시 ( )분 확인 ○ △ ✕
7	할 일(과목):	시간 ( )시 ( )분 ~ ( )시 ( )분 확인 ○ △ ✕

메모 / 잡생각 휴지통

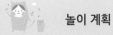 놀이 계획

 하루 평가

- 목표와 주간계획을 확인했나요? ☐
- 오늘 해야 할 일을 우선순위에 따라 미리 결정했나요? ☐
- 공부에 방해되는 물건(컴퓨터, 만화책, 휴대폰 등)을 보이지 않게 치웠나요? ☐

1 할 일(과목): 시간 ( )시 ( )분 ~
( )시 ( )분
확인 ○ △ ✕

2 할 일(과목): 시간 ( )시 ( )분 ~
( )시 ( )분
확인 ○ △ ✕

3 할 일(과목): 시간 ( )시 ( )분 ~
( )시 ( )분
확인 ○ △ ✕

4 할 일(과목): 시간 ( )시 ( )분 ~
( )시 ( )분
확인 ○ △ ✕

5 할 일(과목): 시간 ( )시 ( )분 ~
( )시 ( )분
확인 ○ △ ✕

6 할 일(과목): 시간 ( )시 ( )분 ~
( )시 ( )분
확인 ○ △ ✕

7 할 일(과목): 시간 ( )시 ( )분 ~
( )시 ( )분
확인 ○ △ ✕

메모 / 잡생각 휴지통

 놀이 계획

 하루 평가

나의 진로 |
목표 |

나의 성적 | 평균 (점) → (점)
목표 | 성적 (등급) → (등급)

기본시간표

	월( )	화( )	수( )	목( )	금( )	토( )	일( )
01:00							
02:00							
03:00							
04:00							
05:00							
오전 06:00							
07:00							
08:00							
09:00							
10:00							
11:00							
12:00							
01:00							
02:00							
03:00							
04:00							
05:00							
오후 06:00							
07:00							
08:00							
09:00							
10:00							
11:00							
12:00							
01:00							

가용시간

주간계획

이번 주 총가용시간 _____시간   목표학습시간 _____시간

목표과목	시간	기타 일정	시간

Monday 월요일 　　　월　　　일

- 목표와 주간계획을 확인했나요? ☐

- 오늘 해야 할 일을 우선순위에 따라 미리 결정했나요? ☐

- 공부에 방해되는 물건(컴퓨터, 만화책, 휴대폰 등)을 보이지 않게 치웠나요? ☐

1 할 일(과목):
시간 (　　)시 (　　)분 ~ (　　)시 (　　)분
확인 ○ △ ✕

2 할 일(과목):
시간 (　　)시 (　　)분 ~ (　　)시 (　　)분
확인 ○ △ ✕

3 할 일(과목):
시간 (　　)시 (　　)분 ~ (　　)시 (　　)분
확인 ○ △ ✕

4 할 일(과목):
시간 (　　)시 (　　)분 ~ (　　)시 (　　)분
확인 ○ △ ✕

5 할 일(과목):
시간 (　　)시 (　　)분 ~ (　　)시 (　　)분
확인 ○ △ ✕

6 할 일(과목):
시간 (　　)시 (　　)분 ~ (　　)시 (　　)분
확인 ○ △ ✕

7 할 일(과목):
시간 (　　)시 (　　)분 ~ (　　)시 (　　)분
확인 ○ △ ✕

메모 / 잡생각 휴지통

 놀이 계획

 하루 평가

Tuesday 화요일   월   일

- 목표와 주간계획을 확인했나요? □
- 오늘 해야 할 일을 우선순위에 따라 미리 결정했나요? □
- 공부에 방해되는 물건(컴퓨터, 만화책, 휴대폰 등)을 보이지 않게 치웠나요? □

1   할 일(과목):

시간 ( )시 ( )분 ~
( )시 ( )분
확인 ○ △ ✕

2   할 일(과목):

시간 ( )시 ( )분 ~
( )시 ( )분
확인 ○ △ ✕

3   할 일(과목):

시간 ( )시 ( )분 ~
( )시 ( )분
확인 ○ △ ✕

4   할 일(과목):

시간 ( )시 ( )분 ~
( )시 ( )분
확인 ○ △ ✕

5   할 일(과목):

시간 ( )시 ( )분 ~
( )시 ( )분
확인 ○ △ ✕

6   할 일(과목):

시간 ( )시 ( )분 ~
( )시 ( )분
확인 ○ △ ✕

7   할 일(과목):

시간 ( )시 ( )분 ~
( )시 ( )분
확인 ○ △ ✕

메모 / 잡생각 휴지통

 놀이 계획

 하루 평가

Wednesday 수요일 | 월 일

- 목표와 주간계획을 확인했나요? ☐
- 오늘 해야 할 일을 우선순위에 따라 미리 결정했나요? ☐
- 공부에 방해되는 물건(컴퓨터, 만화책, 휴대폰 등)을 보이지 않게 치웠나요? ☐

1 할 일(과목):

시간 ( )시 ( )분 ~
( )시 ( )분

확인 ○ △ ✕

2 할 일(과목):

시간 ( )시 ( )분 ~
( )시 ( )분

확인 ○ △ ✕

3 할 일(과목):

시간 ( )시 ( )분 ~
( )시 ( )분

확인 ○ △ ✕

4 할 일(과목):

시간 ( )시 ( )분 ~
( )시 ( )분

확인 ○ △ ✕

5 할 일(과목):

시간 ( )시 ( )분 ~
( )시 ( )분

확인 ○ △ ✕

6 할 일(과목):

시간 ( )시 ( )분 ~
( )시 ( )분

확인 ○ △ ✕

7 할 일(과목):

시간 ( )시 ( )분 ~
( )시 ( )분

확인 ○ △ ✕

메모 / 잡생각 휴지통

 놀이 계획

 하루 평가

- 목표와 주간계획을 확인했나요? ☐
- 오늘 해야 할 일을 우선순위에 따라 미리 결정했나요? ☐
- 공부에 방해되는 물건(컴퓨터, 만화책, 휴대폰 등)을 보이지 않게 치웠나요? ☐

1 할 일(과목):
시간 ( )시 ( )분 ~
( )시 ( )분
확인 ○ △ ✕

2 할 일(과목):
시간 ( )시 ( )분 ~
( )시 ( )분
확인 ○ △ ✕

3 할 일(과목):
시간 ( )시 ( )분 ~
( )시 ( )분
확인 ○ △ ✕

4 할 일(과목):
시간 ( )시 ( )분 ~
( )시 ( )분
확인 ○ △ ✕

5 할 일(과목):
시간 ( )시 ( )분 ~
( )시 ( )분
확인 ○ △ ✕

6 할 일(과목):
시간 ( )시 ( )분 ~
( )시 ( )분
확인 ○ △ ✕

7 할 일(과목):
시간 ( )시 ( )분 ~
( )시 ( )분
확인 ○ △ ✕

메모 / 잡생각 휴지통

 놀이 계획

 하루 평가

Friday 금요일 　　월　　일

- 목표와 주간계획을 확인했나요? ☐
- 오늘 해야 할 일을 우선순위에 따라 미리 결정했나요? ☐
- 공부에 방해되는 물건(컴퓨터, 만화책, 휴대폰 등)을 보이지 않게 치웠나요? ☐

1　할 일(과목):　　　　　　　　　　　　시간 (　　)시 (　　)분 ~
　　　　　　　　　　　　　　　　　　　　　　　　　(　　)시 (　　)분
　　　　　　　　　　　　　　　　　　　확인 ○ △ ✕

2　할 일(과목):　　　　　　　　　　　　시간 (　　)시 (　　)분 ~
　　　　　　　　　　　　　　　　　　　　　　　　　(　　)시 (　　)분
　　　　　　　　　　　　　　　　　　　확인 ○ △ ✕

3　할 일(과목):　　　　　　　　　　　　시간 (　　)시 (　　)분 ~
　　　　　　　　　　　　　　　　　　　　　　　　　(　　)시 (　　)분
　　　　　　　　　　　　　　　　　　　확인 ○ △ ✕

4　할 일(과목):　　　　　　　　　　　　시간 (　　)시 (　　)분 ~
　　　　　　　　　　　　　　　　　　　　　　　　　(　　)시 (　　)분
　　　　　　　　　　　　　　　　　　　확인 ○ △ ✕

5　할 일(과목):　　　　　　　　　　　　시간 (　　)시 (　　)분 ~
　　　　　　　　　　　　　　　　　　　　　　　　　(　　)시 (　　)분
　　　　　　　　　　　　　　　　　　　확인 ○ △ ✕

6　할 일(과목):　　　　　　　　　　　　시간 (　　)시 (　　)분 ~
　　　　　　　　　　　　　　　　　　　　　　　　　(　　)시 (　　)분
　　　　　　　　　　　　　　　　　　　확인 ○ △ ✕

7　할 일(과목):　　　　　　　　　　　　시간 (　　)시 (　　)분 ~
　　　　　　　　　　　　　　　　　　　　　　　　　(　　)시 (　　)분
　　　　　　　　　　　　　　　　　　　확인 ○ △ ✕

메모 / 잡생각 휴지통

 **놀이 계획**

 하루 평가

- 목표와 주간계획을 확인했나요? ☐
- 오늘 해야 할 일을 우선순위에 따라 미리 결정했나요? ☐
- 공부에 방해되는 물건(컴퓨터, 만화책, 휴대폰 등)을 보이지 않게 치웠나요? ☐

1 할 일(과목):   시간 ( )시 ( )분 ~
                                          ( )시 ( )분
                                       확인 ○ △ ✕

2 할 일(과목):   시간 ( )시 ( )분 ~
                                            ( )시 ( )분
                                       확인 ○ △ ✕

3 할 일(과목):   시간 ( )시 ( )분 ~
                                            ( )시 ( )분
                                       확인 ○ △ ✕

4 할 일(과목):   시간 ( )시 ( )분 ~
                                            ( )시 ( )분
                                       확인 ○ △ ✕

5 할 일(과목):   시간 ( )시 ( )분 ~
                                            ( )시 ( )분
                                       확인 ○ △ ✕

6 할 일(과목):   시간 ( )시 ( )분 ~
                                            ( )시 ( )분
                                       확인 ○ △ ✕

7 할 일(과목):   시간 ( )시 ( )분 ~
                                            ( )시 ( )분
                                       확인 ○ △ ✕

메모 / 잡생각 휴지통

 **놀이 계획**

 하루 평가

Sunday 일요일 　　월　　일

- 목표와 주간계획을 확인했나요? ☐
- 오늘 해야 할 일을 우선순위에 따라 미리 결정했나요? ☐
- 공부에 방해되는 물건(컴퓨터, 만화책, 휴대폰 등)을 보이지 않게 치웠나요? ☐

1 　할 일(과목):

시간 (　　)시 (　　)분 ~
　　　(　　)시 (　　)분
확인 ○ △ ✕

2 　할 일(과목):

시간 (　　)시 (　　)분 ~
　　　(　　)시 (　　)분
확인 ○ △ ✕

3 　할 일(과목):

시간 (　　)시 (　　)분 ~
　　　(　　)시 (　　)분
확인 ○ △ ✕

4 　할 일(과목):

시간 (　　)시 (　　)분 ~
　　　(　　)시 (　　)분
확인 ○ △ ✕

5 　할 일(과목):

시간 (　　)시 (　　)분 ~
　　　(　　)시 (　　)분
확인 ○ △ ✕

6 　할 일(과목):

시간 (　　)시 (　　)분 ~
　　　(　　)시 (　　)분
확인 ○ △ ✕

7 　할 일(과목):

시간 (　　)시 (　　)분 ~
　　　(　　)시 (　　)분
확인 ○ △ ✕

메모 / 잡생각 휴지통

 놀이 계획

 하루 평가

월 째 주

나의 진로 목표 |

나의 성적 목표 | 평균 (　　　　점) → (　　　　점)
성적 (　　　　등급) → (　　　　등급)

기본시간표

	월( )	화( )	수( )	목( )	금( )	토( )	일( )
01:00							
02:00							
03:00							
04:00							
05:00							
06:00							
07:00							
08:00							
09:00							
10:00							
11:00							
12:00							
01:00							
02:00							
03:00							
04:00							
05:00							
06:00							
07:00							
08:00							
09:00							
10:00							
11:00							
12:00							
01:00							

오전 / 오후

가용시간

주간계획

이번 주 총가용시간 ＿＿＿＿시간　　목표학습시간 ＿＿＿＿시간

목표과목	시간	기타 일정	시간

Monday 월요일 　　　월　　　일

1 할 일(과목):
시간 (　　)시 (　　)분 ~
　　　(　　)시 (　　)분
확인 ○ △ ✕

2 할 일(과목):
시간 (　　)시 (　　)분 ~
　　　(　　)시 (　　)분
확인 ○ △ ✕

3 할 일(과목):
시간 (　　)시 (　　)분 ~
　　　(　　)시 (　　)분
확인 ○ △ ✕

4 할 일(과목):
시간 (　　)시 (　　)분 ~
　　　(　　)시 (　　)분
확인 ○ △ ✕

5 할 일(과목):
시간 (　　)시 (　　)분 ~
　　　(　　)시 (　　)분
확인 ○ △ ✕

6 할 일(과목):
시간 (　　)시 (　　)분 ~
　　　(　　)시 (　　)분
확인 ○ △ ✕

7 할 일(과목):
시간 (　　)시 (　　)분 ~
　　　(　　)시 (　　)분
확인 ○ △ ✕

메모 / 잡생각 휴지통

 **놀이 계획**

 하루 평가

Tuesday 화요일   월   일

- 목표와 주간계획을 확인했나요? ☐
- 오늘 해야 할 일을 우선순위에 따라 미리 결정했나요? ☐
- 공부에 방해되는 물건(컴퓨터, 만화책, 휴대폰 등)을 보이지 않게 치웠나요? ☐

1 할 일(과목):

시간 ( )시 ( )분 ~
( )시 ( )분
확인 ○ △ ✕

2 할 일(과목):

시간 ( )시 ( )분 ~
( )시 ( )분
확인 ○ △ ✕

3 할 일(과목):

시간 ( )시 ( )분 ~
( )시 ( )분
확인 ○ △ ✕

4 할 일(과목):

시간 ( )시 ( )분 ~
( )시 ( )분
확인 ○ △ ✕

5 할 일(과목):

시간 ( )시 ( )분 ~
( )시 ( )분
확인 ○ △ ✕

6 할 일(과목):

시간 ( )시 ( )분 ~
( )시 ( )분
확인 ○ △ ✕

7 할 일(과목):

시간 ( )시 ( )분 ~
( )시 ( )분
확인 ○ △ ✕

메모 / 잡생각 휴지통

 놀이 계획

 하루 평가

Wednesday 수요일 | 월 일

1 할 일(과목): 시간 ( )시 ( )분 ~
( )시 ( )분
확인 ○ △ ✕

2 할 일(과목): 시간 ( )시 ( )분 ~
( )시 ( )분
확인 ○ △ ✕

3 할 일(과목): 시간 ( )시 ( )분 ~
( )시 ( )분
확인 ○ △ ✕

4 할 일(과목): 시간 ( )시 ( )분 ~
( )시 ( )분
확인 ○ △ ✕

5 할 일(과목): 시간 ( )시 ( )분 ~
( )시 ( )분
확인 ○ △ ✕

6 할 일(과목): 시간 ( )시 ( )분 ~
( )시 ( )분
확인 ○ △ ✕

7 할 일(과목): 시간 ( )시 ( )분 ~
( )시 ( )분
확인 ○ △ ✕

메모 / 잡생각 휴지통

 놀이 계획

 하루 평가

- 목표와 주간계획을 확인했나요? ☐
- 오늘 해야 할 일을 우선순위에 따라 미리 결정했나요? ☐
- 공부에 방해되는 물건(컴퓨터, 만화책, 휴대폰 등)을 보이지 않게 치웠나요? ☐

1 할 일(과목):　　　　　　　　　　　　　　시간 (　)시 (　)분 ~
　　　　　　　　　　　　　　　　　　　(　)시 (　)분
　　　　　　　　　　　　　　　　　확인 ○ △ ✕

2 할 일(과목):　　　　　　　　　　　　　　시간 (　)시 (　)분 ~
　　　　　　　　　　　　　　　　　　　(　)시 (　)분
　　　　　　　　　　　　　　　　　확인 ○ △ ✕

3 할 일(과목):　　　　　　　　　　　　　　시간 (　)시 (　)분 ~
　　　　　　　　　　　　　　　　　　　(　)시 (　)분
　　　　　　　　　　　　　　　　　확인 ○ △ ✕

4 할 일(과목):　　　　　　　　　　　　　　시간 (　)시 (　)분 ~
　　　　　　　　　　　　　　　　　　　(　)시 (　)분
　　　　　　　　　　　　　　　　　확인 ○ △ ✕

5 할 일(과목):　　　　　　　　　　　　　　시간 (　)시 (　)분 ~
　　　　　　　　　　　　　　　　　　　(　)시 (　)분
　　　　　　　　　　　　　　　　　확인 ○ △ ✕

6 할 일(과목):　　　　　　　　　　　　　　시간 (　)시 (　)분 ~
　　　　　　　　　　　　　　　　　　　(　)시 (　)분
　　　　　　　　　　　　　　　　　확인 ○ △ ✕

7 할 일(과목):　　　　　　　　　　　　　　시간 (　)시 (　)분 ~
　　　　　　　　　　　　　　　　　　　(　)시 (　)분
　　　　　　　　　　　　　　　　　확인 ○ △ ✕

메모 / 잡생각 휴지통 　　　　　　 **놀이 계획**

 하루 평가

Friday 금요일 　　　월　　　일

- 목표와 주간계획을 확인했나요? ☐
- 오늘 해야 할 일을 우선순위에 따라 미리 결정했나요? ☐
- 공부에 방해되는 물건(컴퓨터, 만화책, 휴대폰 등)을 보이지 않게 치웠나요? ☐

1 할 일(과목): 　　　　　　　　　　　　　　시간 (　　)시 (　　)분 ~
　　　　　　　　　　　　　　　　　　　　　　　　　 (　　)시 (　　)분
　　　　　　　　　　　　　　　　　　　확인 ○ △ ✕

2 할 일(과목): 　　　　　　　　　　　　　　시간 (　　)시 (　　)분 ~
　　　　　　　　　　　　　　　　　　　　　　　　　 (　　)시 (　　)분
　　　　　　　　　　　　　　　　　　　확인 ○ △ ✕

3 할 일(과목): 　　　　　　　　　　　　　　시간 (　　)시 (　　)분 ~
　　　　　　　　　　　　　　　　　　　　　　　　　 (　　)시 (　　)분
　　　　　　　　　　　　　　　　　　　확인 ○ △ ✕

4 할 일(과목): 　　　　　　　　　　　　　　시간 (　　)시 (　　)분 ~
　　　　　　　　　　　　　　　　　　　　　　　　　 (　　)시 (　　)분
　　　　　　　　　　　　　　　　　　　확인 ○ △ ✕

5 할 일(과목): 　　　　　　　　　　　　　　시간 (　　)시 (　　)분 ~
　　　　　　　　　　　　　　　　　　　　　　　　　 (　　)시 (　　)분
　　　　　　　　　　　　　　　　　　　확인 ○ △ ✕

6 할 일(과목): 　　　　　　　　　　　　　　시간 (　　)시 (　　)분 ~
　　　　　　　　　　　　　　　　　　　　　　　　　 (　　)시 (　　)분
　　　　　　　　　　　　　　　　　　　확인 ○ △ ✕

7 할 일(과목): 　　　　　　　　　　　　　　시간 (　　)시 (　　)분 ~
　　　　　　　　　　　　　　　　　　　　　　　　　 (　　)시 (　　)분
　　　　　　　　　　　　　　　　　　　확인 ○ △ ✕

메모 / 잡생각 휴지통

 놀이 계획

 하루 평가

Saturday 토요일　　　월　　　일

- 목표와 주간계획을 확인했나요? ☐
- 오늘 해야 할 일을 우선순위에 따라 미리 결정했나요? ☐
- 공부에 방해되는 물건(컴퓨터, 만화책, 휴대폰 등)을 보이지 않게 치웠나요? ☐

1 할 일(과목):

시간 (　　)시 (　　)분 ~
　　　(　　)시 (　　)분
확인 ○ △ ✕

2 할 일(과목):

시간 (　　)시 (　　)분 ~
　　　(　　)시 (　　)분
확인 ○ △ ✕

3 할 일(과목):

시간 (　　)시 (　　)분 ~
　　　(　　)시 (　　)분
확인 ○ △ ✕

4 할 일(과목):

시간 (　　)시 (　　)분 ~
　　　(　　)시 (　　)분
확인 ○ △ ✕

5 할 일(과목):

시간 (　　)시 (　　)분 ~
　　　(　　)시 (　　)분
확인 ○ △ ✕

6 할 일(과목):

시간 (　　)시 (　　)분 ~
　　　(　　)시 (　　)분
확인 ○ △ ✕

7 할 일(과목):

시간 (　　)시 (　　)분 ~
　　　(　　)시 (　　)분
확인 ○ △ ✕

메모 / 잡생각 휴지통

 놀이 계획

 하루 평가

Sunday 일요일 | 월 일

- 목표와 주간계획을 확인했나요? ☐
- 오늘 해야 할 일을 우선순위에 따라 미리 결정했나요? ☐
- 공부에 방해되는 물건(컴퓨터, 만화책, 휴대폰 등)을 보이지 않게 치웠나요? ☐

1 할 일(과목):

시간 ( )시 ( )분 ~
( )시 ( )분
확인 ○ △ ✕

2 할 일(과목):

시간 ( )시 ( )분 ~
( )시 ( )분
확인 ○ △ ✕

3 할 일(과목):

시간 ( )시 ( )분 ~
( )시 ( )분
확인 ○ △ ✕

4 할 일(과목):

시간 ( )시 ( )분 ~
( )시 ( )분
확인 ○ △ ✕

5 할 일(과목):

시간 ( )시 ( )분 ~
( )시 ( )분
확인 ○ △ ✕

6 할 일(과목):

시간 ( )시 ( )분 ~
( )시 ( )분
확인 ○ △ ✕

7 할 일(과목):

시간 ( )시 ( )분 ~
( )시 ( )분
확인 ○ △ ✕

메모 / 잡생각 휴지통

 놀이 계획

 하루 평가

월 ___ 째 주

나의 진로
목표 |

나의 성적 | 평균 (점) → (점)
목표 | 성적 (등급) → (등급)

기본시간표

	월( )	화( )	수( )	목( )	금( )	토( )	일( )
오전 01:00							
02:00							
03:00							
04:00							
05:00							
06:00							
07:00							
08:00							
09:00							
10:00							
11:00							
12:00							
오후 01:00							
02:00							
03:00							
04:00							
05:00							
06:00							
07:00							
08:00							
09:00							
10:00							
11:00							
12:00							
01:00							

가용시간

주간계획

이번 주 총가용시간 _____ 시간   목표학습시간 _____ 시간

목표과목	시간	기타 일정	시간

Monday 월요일 (월 일)

- 목표와 주간계획을 확인했나요? ☐
- 오늘 해야 할 일을 우선순위에 따라 미리 결정했나요? ☐
- 공부에 방해되는 물건(컴퓨터, 만화책, 휴대폰 등)을 보이지 않게 치웠나요? ☐

1 할 일(과목):
시간 ( )시 ( )분 ~
( )시 ( )분
확인 ○ △ ✕

2 할 일(과목):
시간 ( )시 ( )분 ~
( )시 ( )분
확인 ○ △ ✕

3 할 일(과목):
시간 ( )시 ( )분 ~
( )시 ( )분
확인 ○ △ ✕

4 할 일(과목):
시간 ( )시 ( )분 ~
( )시 ( )분
확인 ○ △ ✕

5 할 일(과목):
시간 ( )시 ( )분 ~
( )시 ( )분
확인 ○ △ ✕

6 할 일(과목):
시간 ( )시 ( )분 ~
( )시 ( )분
확인 ○ △ ✕

7 할 일(과목):
시간 ( )시 ( )분 ~
( )시 ( )분
확인 ○ △ ✕

메모 / 잡생각 휴지통

 놀이 계획

 하루 평가

Tuesday 화요일　　월　　일

- 목표와 주간계획을 확인했나요? ☐
- 오늘 해야 할 일을 우선순위에 따라 미리 결정했나요? ☐
- 공부에 방해되는 물건(컴퓨터, 만화책, 휴대폰 등)을 보이지 않게 치웠나요? ☐

1 할 일(과목):　　　　　　　　　　　　　　　시간 ( )시 ( )분 ~
　　　　　　　　　　　　　　　　　　　　　　　　　 ( )시 ( )분
　　　　　　　　　　　　　　　　　　　　　확인 ○ △ ✕

2 할 일(과목):　　　　　　　　　　　　　　　시간 ( )시 ( )분 ~
　　　　　　　　　　　　　　　　　　　　　　　　　 ( )시 ( )분
　　　　　　　　　　　　　　　　　　　　　확인 ○ △ ✕

3 할 일(과목):　　　　　　　　　　　　　　　시간 ( )시 ( )분 ~
　　　　　　　　　　　　　　　　　　　　　　　　　 ( )시 ( )분
　　　　　　　　　　　　　　　　　　　　　확인 ○ △ ✕

4 할 일(과목):　　　　　　　　　　　　　　　시간 ( )시 ( )분 ~
　　　　　　　　　　　　　　　　　　　　　　　　　 ( )시 ( )분
　　　　　　　　　　　　　　　　　　　　　확인 ○ △ ✕

5 할 일(과목):　　　　　　　　　　　　　　　시간 ( )시 ( )분 ~
　　　　　　　　　　　　　　　　　　　　　　　　　 ( )시 ( )분
　　　　　　　　　　　　　　　　　　　　　확인 ○ △ ✕

6 할 일(과목):　　　　　　　　　　　　　　　시간 ( )시 ( )분 ~
　　　　　　　　　　　　　　　　　　　　　　　　　 ( )시 ( )분
　　　　　　　　　　　　　　　　　　　　　확인 ○ △ ✕

7 할 일(과목):　　　　　　　　　　　　　　　시간 ( )시 ( )분 ~
　　　　　　　　　　　　　　　　　　　　　　　　　 ( )시 ( )분
　　　　　　　　　　　　　　　　　　　　　확인 ○ △ ✕

메모 / 잡생각 휴지통 　　　　　　　 놀이 계획

 하루 평가

Wednesday 수요일 | 월   일

- 목표와 주간계획을 확인했나요? ☐
- 오늘 해야 할 일을 우선순위에 따라 미리 결정했나요? ☐
- 공부에 방해되는 물건(컴퓨터, 만화책, 휴대폰 등)을 보이지 않게 치웠나요? ☐

1 할 일(과목):

시간 (   )시 (   )분 ~
(   )시 (   )분
확인 ○ △ ✕

2 할 일(과목):

시간 (   )시 (   )분 ~
(   )시 (   )분
확인 ○ △ ✕

3 할 일(과목):

시간 (   )시 (   )분 ~
(   )시 (   )분
확인 ○ △ ✕

4 할 일(과목):

시간 (   )시 (   )분 ~
(   )시 (   )분
확인 ○ △ ✕

5 할 일(과목):

시간 (   )시 (   )분 ~
(   )시 (   )분
확인 ○ △ ✕

6 할 일(과목):

시간 (   )시 (   )분 ~
(   )시 (   )분
확인 ○ △ ✕

7 할 일(과목):

시간 (   )시 (   )분 ~
(   )시 (   )분
확인 ○ △ ✕

메모 / 잡생각 휴지통

 놀이 계획

 하루 평가

- 목표와 주간계획을 확인했나요? ☐
- 오늘 해야 할 일을 우선순위에 따라 미리 결정했나요? ☐
- 공부에 방해되는 물건(컴퓨터, 만화책, 휴대폰 등)을 보이지 않게 치웠나요? ☐

1   할 일(과목):   시간 (   )시 (   )분 ~ (   )시 (   )분
                                         확인 ○ △ ✕

2   할 일(과목):   시간 (   )시 (   )분 ~ (   )시 (   )분
                                         확인 ○ △ ✕

3   할 일(과목):   시간 (   )시 (   )분 ~ (   )시 (   )분
                                       확인 ○ △ ✕

4   할 일(과목):   시간 (   )시 (   )분 ~ (   )시 (   )분
                                       확인 ○ △ ✕

5   할 일(과목):   시간 (   )시 (   )분 ~ (   )시 (   )분
                                       확인 ○ △ ✕

6   할 일(과목):   시간 (   )시 (   )분 ~ (   )시 (   )분
                                       확인 ○ △ ✕

7   할 일(과목):   시간 (   )시 (   )분 ~ (   )시 (   )분
                                       확인 ○ △ ✕

메모 / 잡생각 휴지통

 놀이 계획

 하루 평가

Friday 금요일 | 월 일

- 목표와 주간계획을 확인했나요? □
- 오늘 해야 할 일을 우선순위에 따라 미리 결정했나요? □
- 공부에 방해되는 물건(컴퓨터, 만화책, 휴대폰 등)을 보이지 않게 치웠나요? □

1
할 일(과목):

시간 ( )시 ( )분 ~
( )시 ( )분
확인 ○ △ ✕

2
할 일(과목):

시간 ( )시 ( )분 ~
( )시 ( )분
확인 ○ △ ✕

3
할 일(과목):

시간 ( )시 ( )분 ~
( )시 ( )분
확인 ○ △ ✕

4
할 일(과목):

시간 ( )시 ( )분 ~
( )시 ( )분
확인 ○ △ ✕

5
할 일(과목):

시간 ( )시 ( )분 ~
( )시 ( )분
확인 ○ △ ✕

6
할 일(과목):

시간 ( )시 ( )분 ~
( )시 ( )분
확인 ○ △ ✕

7
할 일(과목):

시간 ( )시 ( )분 ~
( )시 ( )분
확인 ○ △ ✕

메모 / 잡생각 휴지통

 놀이 계획

 하루 평가

Saturday 토요일   월   일

- 목표와 주간계획을 확인했나요? ☐
- 오늘 해야 할 일을 우선순위에 따라 미리 결정했나요? ☐
- 공부에 방해되는 물건(컴퓨터, 만화책, 휴대폰 등)을 보이지 않게 치웠나요? ☐

1 할 일(과목):   시간 ( )시 ( )분 ~
( )시 ( )분
확인 ○ △ ✕

2 할 일(과목):   시간 ( )시 ( )분 ~
( )시 ( )분
확인 ○ △ ✕

3 할 일(과목):   시간 ( )시 ( )분 ~
( )시 ( )분
확인 ○ △ ✕

4 할 일(과목):   시간 ( )시 ( )분 ~
( )시 ( )분
확인 ○ △ ✕

5 할 일(과목):   시간 ( )시 ( )분 ~
( )시 ( )분
확인 ○ △ ✕

6 할 일(과목):   시간 ( )시 ( )분 ~
( )시 ( )분
확인 ○ △ ✕

7 할 일(과목):   시간 ( )시 ( )분 ~
( )시 ( )분
확인 ○ △ ✕

메모 / 잡생각 휴지통

 놀이 계획

 하루 평가

Sunday 일요일 　　　월　　　일

• 목표와 주간계획을 확인했나요? ☐

• 오늘 해야 할 일을 우선순위에 따라 미리 결정했나요? ☐

• 공부에 방해되는 물건(컴퓨터, 만화책, 휴대폰 등)을 보이지 않게 치웠나요? ☐

1	할 일(과목):	시간 (　　)시 (　　)분 ~ 　　　 (　　)시 (　　)분 확인 ○ △ ✕
2	할 일(과목):	시간 (　　)시 (　　)분 ~ 　　　 (　　)시 (　　)분 확인 ○ △ ✕
3	할 일(과목):	시간 (　　)시 (　　)분 ~ 　　　 (　　)시 (　　)분 확인 ○ △ ✕
4	할 일(과목):	시간 (　　)시 (　　)분 ~ 　　　 (　　)시 (　　)분 확인 ○ △ ✕
5	할 일(과목):	시간 (　　)시 (　　)분 ~ 　　　 (　　)시 (　　)분 확인 ○ △ ✕
6	할 일(과목):	시간 (　　)시 (　　)분 ~ 　　　 (　　)시 (　　)분 확인 ○ △ ✕
7	할 일(과목):	시간 (　　)시 (　　)분 ~ 　　　 (　　)시 (　　)분 확인 ○ △ ✕

메모 / 잡생각 휴지통

 놀이 계획

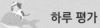 하루 평가

월	째 주	나의 진로 목표	

나의 성적 | 평균 (점) ⌐ (점)
목표 | 성적 (등급) ⌐ (등급)

기본시간표

	월( )	화( )	수( )	목( )	금( )	토( )	일( )
01:00							
02:00							
03:00							
04:00							
05:00							
오전 06:00							
07:00							
08:00							
09:00							
10:00							
11:00							
12:00							
01:00							
02:00							
03:00							
04:00							
05:00							
오후 06:00							
07:00							
08:00							
09:00							
10:00							
11:00							
12:00							
01:00							

가용시간

주간계획

이번 주 총가용시간 _____ 시간   목표학습시간 _____ 시간

목표과목	시간	기타 일정	시간

Monday 월요일 | 월　　일

- 목표와 주간계획을 확인했나요? ☐
- 오늘 해야 할 일을 우선순위에 따라 미리 결정했나요? ☐
- 공부에 방해되는 물건(컴퓨터, 만화책, 휴대폰 등)을 보이지 않게 치웠나요? ☐

1 할 일(과목):
시간 (　　)시 (　　)분 ~
(　　)시 (　　)분
확인 ○ △ ✕

2 할 일(과목):
시간 (　　)시 (　　)분 ~
(　　)시 (　　)분
확인 ○ △ ✕

3 할 일(과목):
시간 (　　)시 (　　)분 ~
(　　)시 (　　)분
확인 ○ △ ✕

4 할 일(과목):
시간 (　　)시 (　　)분 ~
(　　)시 (　　)분
확인 ○ △ ✕

5 할 일(과목):
시간 (　　)시 (　　)분 ~
(　　)시 (　　)분
확인 ○ △ ✕

6 할 일(과목):
시간 (　　)시 (　　)분 ~
(　　)시 (　　)분
확인 ○ △ ✕

7 할 일(과목):
시간 (　　)시 (　　)분 ~
(　　)시 (　　)분
확인 ○ △ ✕

메모 / 잡생각 휴지통

 놀이 계획

 하루 평가

- 목표와 주간계획을 확인했나요? ☐
- 오늘 해야 할 일을 우선순위에 따라 미리 결정했나요? ☐
- 공부에 방해되는 물건(컴퓨터, 만화책, 휴대폰 등)을 보이지 않게 치웠나요? ☐

1 할 일(과목):

시간 (　　)시 (　　)분 ~
(　　)시 (　　)분
확인 ○ △ ✕

2 할 일(과목):

시간 (　　)시 (　　)분 ~
(　　)시 (　　)분
확인 ○ △ ✕

3 할 일(과목):

시간 (　　)시 (　　)분 ~
(　　)시 (　　)분
확인 ○ △ ✕

4 할 일(과목):

시간 (　　)시 (　　)분 ~
(　　)시 (　　)분
확인 ○ △ ✕

5 할 일(과목):

시간 (　　)시 (　　)분 ~
(　　)시 (　　)분
확인 ○ △ ✕

6 할 일(과목):

시간 (　　)시 (　　)분 ~
(　　)시 (　　)분
확인 ○ △ ✕

7 할 일(과목):

시간 (　　)시 (　　)분 ~
(　　)시 (　　)분
확인 ○ △ ✕

메모 / 잡생각 휴지통

 놀이 계획

 하루 평가

- 목표와 주간계획을 확인했나요? □
- 오늘 해야 할 일을 우선순위에 따라 미리 결정했나요? □
- 공부에 방해되는 물건(컴퓨터, 만화책, 휴대폰 등)을 보이지 않게 치웠나요? □

1 할 일(과목):

시간 ( )시 ( )분 ~
( )시 ( )분
확인 ○ △ ✕

2 할 일(과목):

시간 ( )시 ( )분 ~
( )시 ( )분
확인 ○ △ ✕

3 할 일(과목):

시간 ( )시 ( )분 ~
( )시 ( )분
확인 ○ △ ✕

4 할 일(과목):

시간 ( )시 ( )분 ~
( )시 ( )분
확인 ○ △ ✕

5 할 일(과목):

시간 ( )시 ( )분 ~
( )시 ( )분
확인 ○ △ ✕

6 할 일(과목):

시간 ( )시 ( )분 ~
( )시 ( )분
확인 ○ △ ✕

7 할 일(과목):

시간 ( )시 ( )분 ~
( )시 ( )분
확인 ○ △ ✕

메모 / 잡생각 휴지통

 놀이 계획

 하루 평가

- 목표와 주간계획을 확인했나요? ☐
- 오늘 해야 할 일을 우선순위에 따라 미리 결정했나요? ☐
- 공부에 방해되는 물건(컴퓨터, 만화책, 휴대폰 등)을 보이지 않게 치웠나요? ☐

	할 일(과목)	시간 / 확인
1	할 일(과목):	시간 ( )시 ( )분 ~ ( )시 ( )분 / 확인 ○ △ ✕
2	할 일(과목):	시간 ( )시 ( )분 ~ ( )시 ( )분 / 확인 ○ △ ✕
3	할 일(과목):	시간 ( )시 ( )분 ~ ( )시 ( )분 / 확인 ○ △ ✕
4	할 일(과목):	시간 ( )시 ( )분 ~ ( )시 ( )분 / 확인 ○ △ ✕
5	할 일(과목):	시간 ( )시 ( )분 ~ ( )시 ( )분 / 확인 ○ △ ✕
6	할 일(과목):	시간 ( )시 ( )분 ~ ( )시 ( )분 / 확인 ○ △ ✕
7	할 일(과목):	시간 ( )시 ( )분 ~ ( )시 ( )분 / 확인 ○ △ ✕

메모 / 잡생각 휴지통

 **놀이 계획**

 하루 평가

Friday 금요일 | 월 　 일

1 할 일(과목):

시간 (　　)시 (　　)분 ~
(　　)시 (　　)분

확인 ○ △ ✕

2 할 일(과목):

시간 (　　)시 (　　)분 ~
(　　)시 (　　)분

확인 ○ △ ✕

3 할 일(과목):

시간 (　　)시 (　　)분 ~
(　　)시 (　　)분

확인 ○ △ ✕

4 할 일(과목):

시간 (　　)시 (　　)분 ~
(　　)시 (　　)분

확인 ○ △ ✕

5 할 일(과목):

시간 (　　)시 (　　)분 ~
(　　)시 (　　)분

확인 ○ △ ✕

6 할 일(과목):

시간 (　　)시 (　　)분 ~
(　　)시 (　　)분

확인 ○ △ ✕

7 할 일(과목):

시간 (　　)시 (　　)분 ~
(　　)시 (　　)분

확인 ○ △ ✕

메모 / 잡생각 휴지통

 놀이 계획

 하루 평가

- 목표와 주간계획을 확인했나요? ☐
- 오늘 해야 할 일을 우선순위에 따라 미리 결정했나요? ☐
- 공부에 방해되는 물건(컴퓨터, 만화책, 휴대폰 등)을 보이지 않게 치웠나요? ☐

1	할 일(과목):	시간 ( )시 ( )분 ~ ( )시 ( )분 확인 ○ △ ✕
2	할 일(과목):	시간 ( )시 ( )분 ~ ( )시 ( )분 확인 ○ △ ✕
3	할 일(과목):	시간 ( )시 ( )분 ~ ( )시 ( )분 확인 ○ △ ✕
4	할 일(과목):	시간 ( )시 ( )분 ~ ( )시 ( )분 확인 ○ △ ✕
5	할 일(과목):	시간 ( )시 ( )분 ~ ( )시 ( )분 확인 ○ △ ✕
6	할 일(과목):	시간 ( )시 ( )분 ~ ( )시 ( )분 확인 ○ △ ✕
7	할 일(과목):	시간 ( )시 ( )분 ~ ( )시 ( )분 확인 ○ △ ✕

메모 / 잡생각 휴지통

 놀이 계획

 하루 평가

- 목표와 주간계획을 확인했나요? ☐
- 오늘 해야 할 일을 우선순위에 따라 미리 결정했나요? ☐
- 공부에 방해되는 물건(컴퓨터, 만화책, 휴대폰 등)을 보이지 않게 치웠나요? ☐

1 할 일(과목):

시간 (　)시 (　)분 ~
　　 (　)시 (　)분
확인 ○ △ ✕

2 할 일(과목):

시간 (　)시 (　)분 ~
　　 (　)시 (　)분
확인 ○ △ ✕

3 할 일(과목):

시간 (　)시 (　)분 ~
　　 (　)시 (　)분
확인 ○ △ ✕

4 할 일(과목):

시간 (　)시 (　)분 ~
　　 (　)시 (　)분
확인 ○ △ ✕

5 할 일(과목):

시간 (　)시 (　)분 ~
　　 (　)시 (　)분
확인 ○ △ ✕

6 할 일(과목):

시간 (　)시 (　)분 ~
　　 (　)시 (　)분
확인 ○ △ ✕

7 할 일(과목):

시간 (　)시 (　)분 ~
　　 (　)시 (　)분
확인 ○ △ ✕

메모 / 잡생각 휴지통

 놀이 계획

 하루 평가

나의 진로 | 목표
나의 성적 | 평균 (점) → (점)
목표 | 성적 (등급) → (등급)

기본시간표

	월( )	화( )	수( )	목( )	금( )	토( )	일( )
01:00							
02:00							
03:00							
04:00							
05:00							
06:00							
07:00							
08:00							
09:00							
10:00							
11:00							
12:00							
01:00							
02:00							
03:00							
04:00							
05:00							
06:00							
07:00							
08:00							
09:00							
10:00							
11:00							
12:00							
01:00							

오전 / 오후

가용시간

주간계획

이번 주 총가용시간 _____시간   목표학습시간 _____시간

목표과목	시간	기타 일정	시간

Monday 월요일 | 월   일

- 목표와 주간계획을 확인했나요? ☐
- 오늘 해야 할 일을 우선순위에 따라 미리 결정했나요? ☐
- 공부에 방해되는 물건(컴퓨터, 만화책, 휴대폰 등)을 보이지 않게 치웠나요? ☐

1 할 일(과목):

시간 (   )시 (   )분 ~
         (   )시 (   )분
확인 ○ △ ✕

2 할 일(과목):

시간 (   )시 (   )분 ~
         (   )시 (   )분
확인 ○ △ ✕

3 할 일(과목):

시간 (   )시 (   )분 ~
         (   )시 (   )분
확인 ○ △ ✕

4 할 일(과목):

시간 (   )시 (   )분 ~
         (   )시 (   )분
확인 ○ △ ✕

5 할 일(과목):

시간 (   )시 (   )분 ~
         (   )시 (   )분
확인 ○ △ ✕

6 할 일(과목):

시간 (   )시 (   )분 ~
         (   )시 (   )분
확인 ○ △ ✕

7 할 일(과목):

시간 (   )시 (   )분 ~
         (   )시 (   )분
확인 ○ △ ✕

메모 / 잡생각 휴지통

 놀이 계획

 하루 평가

Tuesday 화요일 ㅣ 월 일

- 목표와 주간계획을 확인했나요? ☐
- 오늘 해야 할 일을 우선순위에 따라 미리 결정했나요? ☐
- 공부에 방해되는 물건(컴퓨터, 만화책, 휴대폰 등)을 보이지 않게 치웠나요? ☐

1 할 일(과목):
시간 ( )시 ( )분 ~
( )시 ( )분
확인 ○ △ ✕

2 할 일(과목):
시간 ( )시 ( )분 ~
( )시 ( )분
확인 ○ △ ✕

3 할 일(과목):
시간 ( )시 ( )분 ~
( )시 ( )분
확인 ○ △ ✕

4 할 일(과목):
시간 ( )시 ( )분 ~
( )시 ( )분
확인 ○ △ ✕

5 할 일(과목):
시간 ( )시 ( )분 ~
( )시 ( )분
확인 ○ △ ✕

6 할 일(과목):
시간 ( )시 ( )분 ~
( )시 ( )분
확인 ○ △ ✕

7 할 일(과목):
시간 ( )시 ( )분 ~
( )시 ( )분
확인 ○ △ ✕

메모 / 잡생각 휴지통

 놀이 계획

 하루 평가

Wednesday 수요일 　　　월　　　일

- 목표와 주간계획을 확인했나요? ☐
- 오늘 해야 할 일을 우선순위에 따라 미리 결정했나요? ☐
- 공부에 방해되는 물건(컴퓨터, 만화책, 휴대폰 등)을 보이지 않게 치웠나요? ☐

1 할 일(과목):

시간 (　　)시 (　　)분 ~
　　 (　　)시 (　　)분
확인 ○ △ ✕

2 할 일(과목):

시간 (　　)시 (　　)분 ~
　　 (　　)시 (　　)분
확인 ○ △ ✕

3 할 일(과목):

시간 (　　)시 (　　)분 ~
　　 (　　)시 (　　)분
확인 ○ △ ✕

4 할 일(과목):

시간 (　　)시 (　　)분 ~
　　 (　　)시 (　　)분
확인 ○ △ ✕

5 할 일(과목):

시간 (　　)시 (　　)분 ~
　　 (　　)시 (　　)분
확인 ○ △ ✕

6 할 일(과목):

시간 (　　)시 (　　)분 ~
　　 (　　)시 (　　)분
확인 ○ △ ✕

7 할 일(과목):

시간 (　　)시 (　　)분 ~
　　 (　　)시 (　　)분
확인 ○ △ ✕

메모 / 잡생각 휴지통

 놀이 계획

 하루 평가

Thursday 목요일 　　월　　　일

- 목표와 주간계획을 확인했나요? ☐
- 오늘 해야 할 일을 우선순위에 따라 미리 결정했나요? ☐
- 공부에 방해되는 물건(컴퓨터, 만화책, 휴대폰 등)을 보이지 않게 치웠나요? ☐

1 할 일(과목):
시간 ( )시 ( )분 ~
( )시 ( )분
확인 ○ △ ✕

2 할 일(과목):
시간 ( )시 ( )분 ~
( )시 ( )분
확인 ○ △ ✕

3 할 일(과목):
시간 ( )시 ( )분 ~
( )시 ( )분
확인 ○ △ ✕

4 할 일(과목):
시간 ( )시 ( )분 ~
( )시 ( )분
확인 ○ △ ✕

5 할 일(과목):
시간 ( )시 ( )분 ~
( )시 ( )분
확인 ○ △ ✕

6 할 일(과목):
시간 ( )시 ( )분 ~
( )시 ( )분
확인 ○ △ ✕

7 할 일(과목):
시간 ( )시 ( )분 ~
( )시 ( )분
확인 ○ △ ✕

메모 / 잡생각 휴지통

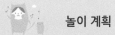 놀이 계획

 하루 평가

- 목표와 주간계획을 확인했나요? ☐
- 오늘 해야 할 일을 우선순위에 따라 미리 결정했나요? ☐
- 공부에 방해되는 물건(컴퓨터, 만화책, 휴대폰 등)을 보이지 않게 치웠나요? ☐

1 할 일(과목):

시간 (   )시 (   )분 ~
(   )시 (   )분
확인 ○ △ ✕

2 할 일(과목):

시간 (   )시 (   )분 ~
(   )시 (   )분
확인 ○ △ ✕

3 할 일(과목):

시간 (   )시 (   )분 ~
(   )시 (   )분
확인 ○ △ ✕

4 할 일(과목):

시간 (   )시 (   )분 ~
(   )시 (   )분
확인 ○ △ ✕

5 할 일(과목):

시간 (   )시 (   )분 ~
(   )시 (   )분
확인 ○ △ ✕

6 할 일(과목):

시간 (   )시 (   )분 ~
(   )시 (   )분
확인 ○ △ ✕

7 할 일(과목):

시간 (   )시 (   )분 ~
(   )시 (   )분
확인 ○ △ ✕

메모 / 잡생각 휴지통

 놀이 계획

 하루 평가

Saturday 토요일 　 월　　일

- 목표와 주간계획을 확인했나요? ☐
- 오늘 해야 할 일을 우선순위에 따라 미리 결정했나요? ☐
- 공부에 방해되는 물건(컴퓨터, 만화책, 휴대폰 등)을 보이지 않게 치웠나요? ☐

1 할 일(과목): 　　　　　　　　　　　　　　　시간 (　　)시 (　　)분 ~
　　　　　　　　　　　　　　　　　　　　　　　　　　 (　　)시 (　　)분
　　　　　　　　　　　　　　　　　　　　　　　　　확인 ○ △ ✕

2 할 일(과목): 　　　　　　　　　　　　　　　시간 (　　)시 (　　)분 ~
　　　　　　　　　　　　　　　　　　　　　　　　　　 (　　)시 (　　)분
　　　　　　　　　　　　　　　　　　　　　　　　　확인 ○ △ ✕

3 할 일(과목): 　　　　　　　　　　　　　　　시간 (　　)시 (　　)분 ~
　　　　　　　　　　　　　　　　　　　　　　　　　　 (　　)시 (　　)분
　　　　　　　　　　　　　　　　　　　　　　　　　확인 ○ △ ✕

4 할 일(과목): 　　　　　　　　　　　　　　　시간 (　　)시 (　　)분 ~
　　　　　　　　　　　　　　　　　　　　　　　　　　 (　　)시 (　　)분
　　　　　　　　　　　　　　　　　　　　　　　　　확인 ○ △ ✕

5 할 일(과목): 　　　　　　　　　　　　　　　시간 (　　)시 (　　)분 ~
　　　　　　　　　　　　　　　　　　　　　　　　　　 (　　)시 (　　)분
　　　　　　　　　　　　　　　　　　　　　　　　　확인 ○ △ ✕

6 할 일(과목): 　　　　　　　　　　　　　　　시간 (　　)시 (　　)분 ~
　　　　　　　　　　　　　　　　　　　　　　　　　　 (　　)시 (　　)분
　　　　　　　　　　　　　　　　　　　　　　　　　확인 ○ △ ✕

7 할 일(과목): 　　　　　　　　　　　　　　　시간 (　　)시 (　　)분 ~
　　　　　　　　　　　　　　　　　　　　　　　　　　 (　　)시 (　　)분
　　　　　　　　　　　　　　　　　　　　　　　　　확인 ○ △ ✕

메모 / 잡생각 휴지통 　　　　　　 놀이 계획

 하루 평가

Sunday 일요일 | 월   일

- 목표와 주간계획을 확인했나요? □
- 오늘 해야 할 일을 우선순위에 따라 미리 결정했나요? □
- 공부에 방해되는 물건(컴퓨터, 만화책, 휴대폰 등)을 보이지 않게 치웠나요? □

1
할 일(과목):
시간 (   )시 (   )분 ~
(   )시 (   )분
확인 ○ △ ✕

2
할 일(과목):
시간 (   )시 (   )분 ~
(   )시 (   )분
확인 ○ △ ✕

3
할 일(과목):
시간 (   )시 (   )분 ~
(   )시 (   )분
확인 ○ △ ✕

4
할 일(과목):
시간 (   )시 (   )분 ~
(   )시 (   )분
확인 ○ △ ✕

5
할 일(과목):
시간 (   )시 (   )분 ~
(   )시 (   )분
확인 ○ △ ✕

6
할 일(과목):
시간 (   )시 (   )분 ~
(   )시 (   )분
확인 ○ △ ✕

7
할 일(과목):
시간 (   )시 (   )분 ~
(   )시 (   )분
확인 ○ △ ✕

메모 / 잡생각 휴지통

 놀이 계획

 하루 평가

나의 진로
목표

나의 성적   평균 (점) ⇀ (점)
목표   성적 (등급) ⇀ (등급)

기본시간표

	월( )	화( )	수( )	목( )	금( )	토( )	일( )
01:00							
02:00							
03:00							
04:00							
05:00							
06:00							
07:00							
08:00							
09:00							
10:00							
11:00							
12:00							
01:00							
02:00							
03:00							
04:00							
05:00							
06:00							
07:00							
08:00							
09:00							
10:00							
11:00							
12:00							
01:00							

오전 / 오후

가용시간

주간계획

이번 주 총가용시간 _____시간   목표학습시간 _____시간

목표과목	시간	기타 일정	시간

Monday 월요일 　　월　　　일

- 목표와 주간계획을 확인했나요? ☐
- 오늘 해야 할 일을 우선순위에 따라 미리 결정했나요? ☐
- 공부에 방해되는 물건(컴퓨터, 만화책, 휴대폰 등)을 보이지 않게 치웠나요? ☐

1 　할 일(과목):

시간 (　　)시 (　　)분 ~
　　　(　　)시 (　　)분
확인 ○ △ ✕

2 　할 일(과목):

시간 (　　)시 (　　)분 ~
　　　(　　)시 (　　)분
확인 ○ △ ✕

3 　할 일(과목):

시간 (　　)시 (　　)분 ~
　　　(　　)시 (　　)분
확인 ○ △ ✕

4 　할 일(과목):

시간 (　　)시 (　　)분 ~
　　　(　　)시 (　　)분
확인 ○ △ ✕

5 　할 일(과목):

시간 (　　)시 (　　)분 ~
　　　(　　)시 (　　)분
확인 ○ △ ✕

6 　할 일(과목):

시간 (　　)시 (　　)분 ~
　　　(　　)시 (　　)분
확인 ○ △ ✕

7 　할 일(과목):

시간 (　　)시 (　　)분 ~
　　　(　　)시 (　　)분
확인 ○ △ ✕

메모 / 잡생각 휴지통

 놀이 계획

 하루 평가

Tuesday 화요일 　　　 월 　　　 일

1 | 할 일(과목): | 시간 ( )시 ( )분 ~
( )시 ( )분
확인 ○ △ ✕

2 | 할 일(과목): | 시간 ( )시 ( )분 ~
( )시 ( )분
확인 ○ △ ✕

3 | 할 일(과목): | 시간 ( )시 ( )분 ~
( )시 ( )분
확인 ○ △ ✕

4 | 할 일(과목): | 시간 ( )시 ( )분 ~
( )시 ( )분
확인 ○ △ ✕

5 | 할 일(과목): | 시간 ( )시 ( )분 ~
( )시 ( )분
확인 ○ △ ✕

6 | 할 일(과목): | 시간 ( )시 ( )분 ~
( )시 ( )분
확인 ○ △ ✕

7 | 할 일(과목): | 시간 ( )시 ( )분 ~
( )시 ( )분
확인 ○ △ ✕

메모 / 잡생각 휴지통

 놀이 계획

 하루 평가

Wednesday 수요일 | 월   일

- 목표와 주간계획을 확인했나요? ☐
- 오늘 해야 할 일을 우선순위에 따라 미리 결정했나요? ☐
- 공부에 방해되는 물건(컴퓨터, 만화책, 휴대폰 등)을 보이지 않게 치웠나요? ☐

1 할 일(과목):
시간 (   )시 (   )분 ~
(   )시 (   )분
확인 ○ △ ✕

2 할 일(과목):
시간 (   )시 (   )분 ~
(   )시 (   )분
확인 ○ △ ✕

3 할 일(과목):
시간 (   )시 (   )분 ~
(   )시 (   )분
확인 ○ △ ✕

4 할 일(과목):
시간 (   )시 (   )분 ~
(   )시 (   )분
확인 ○ △ ✕

5 할 일(과목):
시간 (   )시 (   )분 ~
(   )시 (   )분
확인 ○ △ ✕

6 할 일(과목):
시간 (   )시 (   )분 ~
(   )시 (   )분
확인 ○ △ ✕

7 할 일(과목):
시간 (   )시 (   )분 ~
(   )시 (   )분
확인 ○ △ ✕

메모 / 잡생각 휴지통

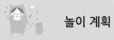 놀이 계획

 하루 평가

- 목표와 주간계획을 확인했나요? ☐
- 오늘 해야 할 일을 우선순위에 따라 미리 결정했나요? ☐
- 공부에 방해되는 물건(컴퓨터, 만화책, 휴대폰 등)을 보이지 않게 치웠나요? ☐

1
할 일(과목):
시간 (　　)시 (　　)분 ~
(　　)시 (　　)분
확인 ○ △ ✕

2
할 일(과목):
시간 (　　)시 (　　)분 ~
(　　)시 (　　)분
확인 ○ △ ✕

3
할 일(과목):
시간 (　　)시 (　　)분 ~
(　　)시 (　　)분
확인 ○ △ ✕

4
할 일(과목):
시간 (　　)시 (　　)분 ~
(　　)시 (　　)분
확인 ○ △ ✕

5
할 일(과목):
시간 (　　)시 (　　)분 ~
(　　)시 (　　)분
확인 ○ △ ✕

6
할 일(과목):
시간 (　　)시 (　　)분 ~
(　　)시 (　　)분
확인 ○ △ ✕

7
할 일(과목):
시간 (　　)시 (　　)분 ~
(　　)시 (　　)분
확인 ○ △ ✕

메모 / 잡생각 휴지통

 놀이 계획

 하루 평가

- 목표와 주간계획을 확인했나요? ☐
- 오늘 해야 할 일을 우선순위에 따라 미리 결정했나요? ☐
- 공부에 방해되는 물건(컴퓨터, 만화책, 휴대폰 등)을 보이지 않게 치웠나요? ☐

1 할 일(과목):

시간 (　　)시 (　　)분 ~
　　　(　　)시 (　　)분
확인 ○ △ ✕

2 할 일(과목):

시간 (　　)시 (　　)분 ~
　　　(　　)시 (　　)분
확인 ○ △ ✕

3 할 일(과목):

시간 (　　)시 (　　)분 ~
　　　(　　)시 (　　)분
확인 ○ △ ✕

4 할 일(과목):

시간 (　　)시 (　　)분 ~
　　　(　　)시 (　　)분
확인 ○ △ ✕

5 할 일(과목):

시간 (　　)시 (　　)분 ~
　　　(　　)시 (　　)분
확인 ○ △ ✕

6 할 일(과목):

시간 (　　)시 (　　)분 ~
　　　(　　)시 (　　)분
확인 ○ △ ✕

7 할 일(과목):

시간 (　　)시 (　　)분 ~
　　　(　　)시 (　　)분
확인 ○ △ ✕

메모 / 잡생각 휴지통

 놀이 계획

 하루 평가

- 목표와 주간계획을 확인했나요? ☐
- 오늘 해야 할 일을 우선순위에 따라 미리 결정했나요? ☐
- 공부에 방해되는 물건(컴퓨터, 만화책, 휴대폰 등)을 보이지 않게 치웠나요? ☐

1 할 일(과목):
시간 (　)시 (　)분 ~
(　)시 (　)분
확인 ○ △ ✕

2 할 일(과목):
시간 (　)시 (　)분 ~
(　)시 (　)분
확인 ○ △ ✕

3 할 일(과목):
시간 (　)시 (　)분 ~
(　)시 (　)분
확인 ○ △ ✕

4 할 일(과목):
시간 (　)시 (　)분 ~
(　)시 (　)분
확인 ○ △ ✕

5 할 일(과목):
시간 (　)시 (　)분 ~
(　)시 (　)분
확인 ○ △ ✕

6 할 일(과목):
시간 (　)시 (　)분 ~
(　)시 (　)분
확인 ○ △ ✕

7 할 일(과목):
시간 (　)시 (　)분 ~
(　)시 (　)분
확인 ○ △ ✕

메모 / 잡생각 휴지통

 놀이 계획

 하루 평가

Sunday 일요일 　　　월　　　일

- 목표와 주간계획을 확인했나요? ☐
- 오늘 해야 할 일을 우선순위에 따라 미리 결정했나요? ☐
- 공부에 방해되는 물건(컴퓨터, 만화책, 휴대폰 등)을 보이지 않게 치웠나요? ☐

1
할 일(과목):

시간 (　　)시 (　　)분 ~
　　 (　　)시 (　　)분
확인 ○ △ ✕

2
할 일(과목):

시간 (　　)시 (　　)분 ~
　　 (　　)시 (　　)분
확인 ○ △ ✕

3
할 일(과목):

시간 (　　)시 (　　)분 ~
　　 (　　)시 (　　)분
확인 ○ △ ✕

4
할 일(과목):

시간 (　　)시 (　　)분 ~
　　 (　　)시 (　　)분
확인 ○ △ ✕

5
할 일(과목):

시간 (　　)시 (　　)분 ~
　　 (　　)시 (　　)분
확인 ○ △ ✕

6
할 일(과목):

시간 (　　)시 (　　)분 ~
　　 (　　)시 (　　)분
확인 ○ △ ✕

7
할 일(과목):

시간 (　　)시 (　　)분 ~
　　 (　　)시 (　　)분
확인 ○ △ ✕

메모 / 잡생각 휴지통

 **놀이 계획**

 하루 평가

나의 진로
목표

나의 성적
목표

평균 (점) → (점)
성적 (등급) → (등급)

기본시간표

	월( )	화( )	수( )	목( )	금( )	토( )	일( )
오전 01:00							
02:00							
03:00							
04:00							
05:00							
06:00							
07:00							
08:00							
09:00							
10:00							
11:00							
12:00							
오후 01:00							
02:00							
03:00							
04:00							
05:00							
06:00							
07:00							
08:00							
09:00							
10:00							
11:00							
12:00							
01:00							
가용시간							

주간계획

이번 주 총가용시간 _____ 시간   목표학습시간 _____ 시간

목표과목	시간	기타 일정	시간

Monday 월요일 | 월   일

- 목표와 주간계획을 확인했나요? ☐
- 오늘 해야 할 일을 우선순위에 따라 미리 결정했나요? ☐
- 공부에 방해되는 물건(컴퓨터, 만화책, 휴대폰 등)을 보이지 않게 치웠나요? ☐

1 할 일(과목):
시간 (   )시 (   )분 ~
(   )시 (   )분
확인 ○ △ ✕

2 할 일(과목):
시간 (   )시 (   )분 ~
(   )시 (   )분
확인 ○ △ ✕

3 할 일(과목):
시간 (   )시 (   )분 ~
(   )시 (   )분
확인 ○ △ ✕

4 할 일(과목):
시간 (   )시 (   )분 ~
(   )시 (   )분
확인 ○ △ ✕

5 할 일(과목):
시간 (   )시 (   )분 ~
(   )시 (   )분
확인 ○ △ ✕

6 할 일(과목):
시간 (   )시 (   )분 ~
(   )시 (   )분
확인 ○ △ ✕

7 할 일(과목):
시간 (   )시 (   )분 ~
(   )시 (   )분
확인 ○ △ ✕

메모 / 잡생각 휴지통

 놀이 계획

 하루 평가

Tuesday 화요일 　　월　　　일

- 목표와 주간계획을 확인했나요? ☐
- 오늘 해야 할 일을 우선순위에 따라 미리 결정했나요? ☐
- 공부에 방해되는 물건(컴퓨터, 만화책, 휴대폰 등)을 보이지 않게 치웠나요? ☐

1 할 일(과목):

시간 (　　)시 (　　)분 ~
　　　(　　)시 (　　)분
확인 ○ △ ✕

2 할 일(과목):

시간 (　　)시 (　　)분 ~
　　　(　　)시 (　　)분
확인 ○ △ ✕

3 할 일(과목):

시간 (　　)시 (　　)분 ~
　　　(　　)시 (　　)분
확인 ○ △ ✕

4 할 일(과목):

시간 (　　)시 (　　)분 ~
　　　(　　)시 (　　)분
확인 ○ △ ✕

5 할 일(과목):

시간 (　　)시 (　　)분 ~
　　　(　　)시 (　　)분
확인 ○ △ ✕

6 할 일(과목):

시간 (　　)시 (　　)분 ~
　　　(　　)시 (　　)분
확인 ○ △ ✕

7 할 일(과목):

시간 (　　)시 (　　)분 ~
　　　(　　)시 (　　)분
확인 ○ △ ✕

메모 / 잡생각 휴지통

놀이 계획

하루 평가

Wednesday 수요일 | 월 일

- 목표와 주간계획을 확인했나요? ☐
- 오늘 해야 할 일을 우선순위에 따라 미리 결정했나요? ☐
- 공부에 방해되는 물건(컴퓨터, 만화책, 휴대폰 등)을 보이지 않게 치웠나요? ☐

1 할 일(과목):

시간 ( )시 ( )분 ~
( )시 ( )분
확인 ○ △ ✕

2 할 일(과목):

시간 ( )시 ( )분 ~
( )시 ( )분
확인 ○ △ ✕

3 할 일(과목):

시간 ( )시 ( )분 ~
( )시 ( )분
확인 ○ △ ✕

4 할 일(과목):

시간 ( )시 ( )분 ~
( )시 ( )분
확인 ○ △ ✕

5 할 일(과목):

시간 ( )시 ( )분 ~
( )시 ( )분
확인 ○ △ ✕

6 할 일(과목):

시간 ( )시 ( )분 ~
( )시 ( )분
확인 ○ △ ✕

7 할 일(과목):

시간 ( )시 ( )분 ~
( )시 ( )분
확인 ○ △ ✕

메모 / 잡생각 휴지통

 놀이 계획

 하루 평가

Thursday 목요일   월   일

- 목표와 주간계획을 확인했나요? ☐
- 오늘 해야 할 일을 우선순위에 따라 미리 결정했나요? ☐
- 공부에 방해되는 물건(컴퓨터, 만화책, 휴대폰 등)을 보이지 않게 치웠나요? ☐

1	할 일(과목):	시간 ( )시 ( )분 ~ ( )시 ( )분 확인 ○ △ ✕
2	할 일(과목):	시간 ( )시 ( )분 ~ ( )시 ( )분 확인 ○ △ ✕
3	할 일(과목):	시간 ( )시 ( )분 ~ ( )시 ( )분 확인 ○ △ ✕
4	할 일(과목):	시간 ( )시 ( )분 ~ ( )시 ( )분 확인 ○ △ ✕
5	할 일(과목):	시간 ( )시 ( )분 ~ ( )시 ( )분 확인 ○ △ ✕
6	할 일(과목):	시간 ( )시 ( )분 ~ ( )시 ( )분 확인 ○ △ ✕
7	할 일(과목):	시간 ( )시 ( )분 ~ ( )시 ( )분 확인 ○ △ ✕

메모 / 잡생각 휴지통

 놀이 계획

 하루 평가

- 목표와 주간계획을 확인했나요? ☐
- 오늘 해야 할 일을 우선순위에 따라 미리 결정했나요? ☐
- 공부에 방해되는 물건(컴퓨터, 만화책, 휴대폰 등)을 보이지 않게 치웠나요? ☐

1 할 일(과목):

시간 ( )시 ( )분 ~
( )시 ( )분
확인 ○ △ ✕

2 할 일(과목):

시간 ( )시 ( )분 ~
( )시 ( )분
확인 ○ △ ✕

3 할 일(과목):

시간 ( )시 ( )분 ~
( )시 ( )분
확인 ○ △ ✕

4 할 일(과목):

시간 ( )시 ( )분 ~
( )시 ( )분
확인 ○ △ ✕

5 할 일(과목):

시간 ( )시 ( )분 ~
( )시 ( )분
확인 ○ △ ✕

6 할 일(과목):

시간 ( )시 ( )분 ~
( )시 ( )분
확인 ○ △ ✕

7 할 일(과목):

시간 ( )시 ( )분 ~
( )시 ( )분
확인 ○ △ ✕

메모 / 잡생각 휴지통

 놀이 계획

 하루 평가

Saturday 토요일 　　월　　일

- 목표와 주간계획을 확인했나요? ☐
- 오늘 해야 할 일을 우선순위에 따라 미리 결정했나요? ☐
- 공부에 방해되는 물건(컴퓨터, 만화책, 휴대폰 등)을 보이지 않게 치웠나요? ☐

1 할 일(과목):　　　　　　　　　　　　　　　　　　　시간 (　　)시 (　　)분 ~
　　　　　　　　　　　　　　　　　　　　　　　　　　　　　　(　　)시 (　　)분
　　　　　　　　　　　　　　　　　　　　　　　　　확인 ○ △ ✕

2 할 일(과목):　　　　　　　　　　　　　　　　　　　시간 (　　)시 (　　)분 ~
　　　　　　　　　　　　　　　　　　　　　　　　　　　　　　(　　)시 (　　)분
　　　　　　　　　　　　　　　　　　　　　　　　　확인 ○ △ ✕

3 할 일(과목):　　　　　　　　　　　　　　　　　　　시간 (　　)시 (　　)분 ~
　　　　　　　　　　　　　　　　　　　　　　　　　　　　　　(　　)시 (　　)분
　　　　　　　　　　　　　　　　　　　　　　　　　확인 ○ △ ✕

4 할 일(과목):　　　　　　　　　　　　　　　　　　　시간 (　　)시 (　　)분 ~
　　　　　　　　　　　　　　　　　　　　　　　　　　　　　　(　　)시 (　　)분
　　　　　　　　　　　　　　　　　　　　　　　　　확인 ○ △ ✕

5 할 일(과목):　　　　　　　　　　　　　　　　　　　시간 (　　)시 (　　)분 ~
　　　　　　　　　　　　　　　　　　　　　　　　　　　　　　(　　)시 (　　)분
　　　　　　　　　　　　　　　　　　　　　　　　　확인 ○ △ ✕

6 할 일(과목):　　　　　　　　　　　　　　　　　　　시간 (　　)시 (　　)분 ~
　　　　　　　　　　　　　　　　　　　　　　　　　　　　　　(　　)시 (　　)분
　　　　　　　　　　　　　　　　　　　　　　　　　확인 ○ △ ✕

7 할 일(과목):　　　　　　　　　　　　　　　　　　　시간 (　　)시 (　　)분 ~
　　　　　　　　　　　　　　　　　　　　　　　　　　　　　　(　　)시 (　　)분
　　　　　　　　　　　　　　　　　　　　　　　　　확인 ○ △ ✕

메모 / 잡생각 휴지통 　　　　　　 놀이 계획

 하루 평가

Sunday 일요일 | 월 일

- 목표와 주간계획을 확인했나요? ☐
- 오늘 해야 할 일을 우선순위에 따라 미리 결정했나요? ☐
- 공부에 방해되는 물건(컴퓨터, 만화책, 휴대폰 등)을 보이지 않게 치웠나요? ☐

1 할 일(과목): | 시간 ( )시 ( )분 ~
( )시 ( )분
확인 ○ △ ✕

2 할 일(과목): | 시간 ( )시 ( )분 ~
( )시 ( )분
확인 ○ △ ✕

3 할 일(과목): | 시간 ( )시 ( )분 ~
( )시 ( )분
확인 ○ △ ✕

4 할 일(과목): | 시간 ( )시 ( )분 ~
( )시 ( )분
확인 ○ △ ✕

5 할 일(과목): | 시간 ( )시 ( )분 ~
( )시 ( )분
확인 ○ △ ✕

6 할 일(과목): | 시간 ( )시 ( )분 ~
( )시 ( )분
확인 ○ △ ✕

7 할 일(과목): | 시간 ( )시 ( )분 ~
( )시 ( )분
확인 ○ △ ✕

메모 / 잡생각 휴지통

 놀이 계획

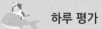 하루 평가

월   **째 주**

나의 진로 |
목표 |

나의 성적 | 평균 (　　　　점) → (　　　　점)
목표 | 성적 (　　　　등급) → (　　　　등급)

기본시간표

	월( )	화( )	수( )	목( )	금( )	토( )	일( )
01:00							
02:00							
03:00							
04:00							
05:00							
06:00							
07:00							
08:00							
09:00							
10:00							
11:00							
12:00							
01:00							
02:00							
03:00							
04:00							
05:00							
06:00							
07:00							
08:00							
09:00							
10:00							
11:00							
12:00							
01:00							

오전 / 오후

가용시간

주간계획

이번 주 총가용시간 _____시간　　　목표학습시간 _____시간

목표과목	시간	기타 일정	시간

- 목표와 주간계획을 확인했나요? ☐
- 오늘 해야 할 일을 우선순위에 따라 미리 결정했나요? ☐
- 공부에 방해되는 물건(컴퓨터, 만화책, 휴대폰 등)을 보이지 않게 치웠나요? ☐

1   할 일(과목):
시간 ( )시 ( )분 ~
      ( )시 ( )분
확인 ○ △ ✕

2   할 일(과목):
시간 ( )시 ( )분 ~
      ( )시 ( )분
확인 ○ △ ✕

3   할 일(과목):
시간 ( )시 ( )분 ~
      ( )시 ( )분
확인 ○ △ ✕

4   할 일(과목):
시간 ( )시 ( )분 ~
      ( )시 ( )분
확인 ○ △ ✕

5   할 일(과목):
시간 ( )시 ( )분 ~
      ( )시 ( )분
확인 ○ △ ✕

6   할 일(과목):
시간 ( )시 ( )분 ~
      ( )시 ( )분
확인 ○ △ ✕

7   할 일(과목):
시간 ( )시 ( )분 ~
      ( )시 ( )분
확인 ○ △ ✕

메모 / 잡생각 휴지통

 놀이 계획

 하루 평가

Tuesday 화요일 　　　월　　　일

- 목표와 주간계획을 확인했나요? ☐
- 오늘 해야 할 일을 우선순위에 따라 미리 결정했나요? ☐
- 공부에 방해되는 물건(컴퓨터, 만화책, 휴대폰 등)을 보이지 않게 치웠나요? ☐

1	할 일(과목):	시간 (　　)시 (　　)분 ~ 　　　(　　)시 (　　)분 확인 ○ △ ✕
2	할 일(과목):	시간 (　　)시 (　　)분 ~ 　　　(　　)시 (　　)분 확인 ○ △ ✕
3	할 일(과목):	시간 (　　)시 (　　)분 ~ 　　　(　　)시 (　　)분 확인 ○ △ ✕
4	할 일(과목):	시간 (　　)시 (　　)분 ~ 　　　(　　)시 (　　)분 확인 ○ △ ✕
5	할 일(과목):	시간 (　　)시 (　　)분 ~ 　　　(　　)시 (　　)분 확인 ○ △ ✕
6	할 일(과목):	시간 (　　)시 (　　)분 ~ 　　　(　　)시 (　　)분 확인 ○ △ ✕
7	할 일(과목):	시간 (　　)시 (　　)분 ~ 　　　(　　)시 (　　)분 확인 ○ △ ✕

메모 / 잡생각 휴지통

 놀이 계획

 하루 평가

- 목표와 주간계획을 확인했나요? ☐
- 오늘 해야 할 일을 우선순위에 따라 미리 결정했나요? ☐
- 공부에 방해되는 물건(컴퓨터, 만화책, 휴대폰 등)을 보이지 않게 치웠나요? ☐

1
할 일(과목):
시간 (　)시 (　)분 ~
　　(　)시 (　)분
확인 ○ △ ✕

2
할 일(과목):
시간 (　)시 (　)분 ~
　　(　)시 (　)분
확인 ○ △ ✕

3
할 일(과목):
시간 (　)시 (　)분 ~
　　(　)시 (　)분
확인 ○ △ ✕

4
할 일(과목):
시간 (　)시 (　)분 ~
　　(　)시 (　)분
확인 ○ △ ✕

5
할 일(과목):
시간 (　)시 (　)분 ~
　　(　)시 (　)분
확인 ○ △ ✕

6
할 일(과목):
시간 (　)시 (　)분 ~
　　(　)시 (　)분
확인 ○ △ ✕

7
할 일(과목):
시간 (　)시 (　)분 ~
　　(　)시 (　)분
확인 ○ △ ✕

메모 / 잡생각 휴지통

 놀이 계획

 하루 평가

- 목표와 주간계획을 확인했나요? ☐
- 오늘 해야 할 일을 우선순위에 따라 미리 결정했나요? ☐
- 공부에 방해되는 물건(컴퓨터, 만화책, 휴대폰 등)을 보이지 않게 치웠나요? ☐

1 할 일(과목):
시간 ( )시 ( )분 ~
( )시 ( )분
확인 ○ △ ✕

2 할 일(과목):
시간 ( )시 ( )분 ~
( )시 ( )분
확인 ○ △ ✕

3 할 일(과목):
시간 ( )시 ( )분 ~
( )시 ( )분
확인 ○ △ ✕

4 할 일(과목):
시간 ( )시 ( )분 ~
( )시 ( )분
확인 ○ △ ✕

5 할 일(과목):
시간 ( )시 ( )분 ~
( )시 ( )분
확인 ○ △ ✕

6 할 일(과목):
시간 ( )시 ( )분 ~
( )시 ( )분
확인 ○ △ ✕

7 할 일(과목):
시간 ( )시 ( )분 ~
( )시 ( )분
확인 ○ △ ✕

메모 / 잡생각 휴지통

 놀이 계획

 하루 평가

Friday 금요일　　월　　일

- 목표와 주간계획을 확인했나요? ☐
- 오늘 해야 할 일을 우선순위에 따라 미리 결정했나요? ☐
- 공부에 방해되는 물건(컴퓨터, 만화책, 휴대폰 등)을 보이지 않게 치웠나요? ☐

1
할 일(과목):
시간 (　　)시 (　　)분 ~
(　　)시 (　　)분
확인 ○ △ ✕

2
할 일(과목):
시간 (　　)시 (　　)분 ~
(　　)시 (　　)분
확인 ○ △ ✕

3
할 일(과목):
시간 (　　)시 (　　)분 ~
(　　)시 (　　)분
확인 ○ △ ✕

4
할 일(과목):
시간 (　　)시 (　　)분 ~
(　　)시 (　　)분
확인 ○ △ ✕

5
할 일(과목):
시간 (　　)시 (　　)분 ~
(　　)시 (　　)분
확인 ○ △ ✕

6
할 일(과목):
시간 (　　)시 (　　)분 ~
(　　)시 (　　)분
확인 ○ △ ✕

7
할 일(과목):
시간 (　　)시 (　　)분 ~
(　　)시 (　　)분
확인 ○ △ ✕

메모 / 잡생각 휴지통

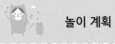 놀이 계획

 하루 평가

- 목표와 주간계획을 확인했나요? ☐
- 오늘 해야 할 일을 우선순위에 따라 미리 결정했나요? ☐
- 공부에 방해되는 물건(컴퓨터, 만화책, 휴대폰 등)을 보이지 않게 치웠나요? ☐

1	할 일(과목):	시간 (　)시 (　)분 ~ 　　 (　)시 (　)분 확인 ○ △ ×
2	할 일(과목):	시간 (　)시 (　)분 ~ 　　 (　)시 (　)분 확인 ○ △ ×
3	할 일(과목):	시간 (　)시 (　)분 ~ 　　 (　)시 (　)분 확인 ○ △ ×
4	할 일(과목):	시간 (　)시 (　)분 ~ 　　 (　)시 (　)분 확인 ○ △ ×
5	할 일(과목):	시간 (　)시 (　)분 ~ 　　 (　)시 (　)분 확인 ○ △ ×
6	할 일(과목):	시간 (　)시 (　)분 ~ 　　 (　)시 (　)분 확인 ○ △ ×
7	할 일(과목):	시간 (　)시 (　)분 ~ 　　 (　)시 (　)분 확인 ○ △ ×

메모 / 잡생각 휴지통

 놀이 계획

 하루 평가

- 목표와 주간계획을 확인했나요? ☐
- 오늘 해야 할 일을 우선순위에 따라 미리 결정했나요? ☐
- 공부에 방해되는 물건(컴퓨터, 만화책, 휴대폰 등)을 보이지 않게 치웠나요? ☐

1
할 일(과목):

시간 (　)시 (　)분 ~
　　(　)시 (　)분
확인 ○ △ ✕

2
할 일(과목):

시간 (　)시 (　)분 ~
　　(　)시 (　)분
확인 ○ △ ✕

3
할 일(과목):

시간 (　)시 (　)분 ~
　　(　)시 (　)분
확인 ○ △ ✕

4
할 일(과목):

시간 (　)시 (　)분 ~
　　(　)시 (　)분
확인 ○ △ ✕

5
할 일(과목):

시간 (　)시 (　)분 ~
　　(　)시 (　)분
확인 ○ △ ✕

6
할 일(과목):

시간 (　)시 (　)분 ~
　　(　)시 (　)분
확인 ○ △ ✕

7
할 일(과목):

시간 (　)시 (　)분 ~
　　(　)시 (　)분
확인 ○ △ ✕

메모 / 잡생각 휴지통

 놀이 계획

 하루 평가

나의 진로 |
목표 |

나의 성적 │ 평균 (점) ⌐ (점)
목표   │ 성적 (등급) ⌐ (등급)

기본시간표

	월( )	화( )	수( )	목( )	금( )	토( )	일( )
01:00							
02:00							
03:00							
04:00							
05:00							
06:00							
07:00							
08:00							
09:00							
10:00							
11:00							
12:00							
01:00							
02:00							
03:00							
04:00							
05:00							
06:00							
07:00							
08:00							
09:00							
10:00							
11:00							
12:00							
01:00							

오전 / 오후

가용시간

주간계획

이번 주 총가용시간 _____ 시간   목표학습시간 _____ 시간

목표과목	시간	기타 일정	시간

Monday 월요일 　　　월　　　일

- 목표와 주간계획을 확인했나요? □
- 오늘 해야 할 일을 우선순위에 따라 미리 결정했나요? □
- 공부에 방해되는 물건(컴퓨터, 만화책, 휴대폰 등)을 보이지 않게 치웠나요? □

1 할 일(과목):

시간 (　　)시 (　　)분 ~
　　　 (　　)시 (　　)분
확인 ○ △ ✕

2 할 일(과목):

시간 (　　)시 (　　)분 ~
　　　 (　　)시 (　　)분
확인 ○ △ ✕

3 할 일(과목):

시간 (　　)시 (　　)분 ~
　　　 (　　)시 (　　)분
확인 ○ △ ✕

4 할 일(과목):

시간 (　　)시 (　　)분 ~
　　　 (　　)시 (　　)분
확인 ○ △ ✕

5 할 일(과목):

시간 (　　)시 (　　)분 ~
　　　 (　　)시 (　　)분
확인 ○ △ ✕

6 할 일(과목):

시간 (　　)시 (　　)분 ~
　　　 (　　)시 (　　)분
확인 ○ △ ✕

7 할 일(과목):

시간 (　　)시 (　　)분 ~
　　　 (　　)시 (　　)분
확인 ○ △ ✕

메모 / 잡생각 휴지통

 놀이 계획

 하루 평가

- 목표와 주간계획을 확인했나요? □
- 오늘 해야 할 일을 우선순위에 따라 미리 결정했나요? □
- 공부에 방해되는 물건(컴퓨터, 만화책, 휴대폰 등)을 보이지 않게 치웠나요? □

1 할 일(과목):

시간 ( )시 ( )분 ~
( )시 ( )분
확인 ○ △ ✕

2 할 일(과목):

시간 ( )시 ( )분 ~
( )시 ( )분
확인 ○ △ ✕

3 할 일(과목):

시간 ( )시 ( )분 ~
( )시 ( )분
확인 ○ △ ✕

4 할 일(과목):

시간 ( )시 ( )분 ~
( )시 ( )분
확인 ○ △ ✕

5 할 일(과목):

시간 ( )시 ( )분 ~
( )시 ( )분
확인 ○ △ ✕

6 할 일(과목):

시간 ( )시 ( )분 ~
( )시 ( )분
확인 ○ △ ✕

7 할 일(과목):

시간 ( )시 ( )분 ~
( )시 ( )분
확인 ○ △ ✕

메모 / 잡생각 휴지통

 놀이 계획

 하루 평가

Wednesday 수요일 | 월 일

- 목표와 주간계획을 확인했나요? ☐
- 오늘 해야 할 일을 우선순위에 따라 미리 결정했나요? ☐
- 공부에 방해되는 물건(컴퓨터, 만화책, 휴대폰 등)을 보이지 않게 치웠나요? ☐

1
할 일(과목):
시간 ( )시 ( )분 ~
( )시 ( )분
확인 ○ △ ✕

2
할 일(과목):
시간 ( )시 ( )분 ~
( )시 ( )분
확인 ○ △ ✕

3
할 일(과목):
시간 ( )시 ( )분 ~
( )시 ( )분
확인 ○ △ ✕

4
할 일(과목):
시간 ( )시 ( )분 ~
( )시 ( )분
확인 ○ △ ✕

5
할 일(과목):
시간 ( )시 ( )분 ~
( )시 ( )분
확인 ○ △ ✕

6
할 일(과목):
시간 ( )시 ( )분 ~
( )시 ( )분
확인 ○ △ ✕

7
할 일(과목):
시간 ( )시 ( )분 ~
( )시 ( )분
확인 ○ △ ✕

메모 / 잡생각 휴지통

 놀이 계획

 하루 평가

Thursday 목요일　　월　　일

- 목표와 주간계획을 확인했나요? □
- 오늘 해야 할 일을 우선순위에 따라 미리 결정했나요? □
- 공부에 방해되는 물건(컴퓨터, 만화책, 휴대폰 등)을 보이지 않게 치웠나요? □

1	할 일(과목):	시간 ( )시 ( )분 ~ ( )시 ( )분 확인 ○ △ ×
2	할 일(과목):	시간 ( )시 ( )분 ~ ( )시 ( )분 확인 ○ △ ×
3	할 일(과목):	시간 ( )시 ( )분 ~ ( )시 ( )분 확인 ○ △ ×
4	할 일(과목):	시간 ( )시 ( )분 ~ ( )시 ( )분 확인 ○ △ ×
5	할 일(과목):	시간 ( )시 ( )분 ~ ( )시 ( )분 확인 ○ △ ×
6	할 일(과목):	시간 ( )시 ( )분 ~ ( )시 ( )분 확인 ○ △ ×
7	할 일(과목):	시간 ( )시 ( )분 ~ ( )시 ( )분 확인 ○ △ ×

메모 / 잡생각 휴지통

 놀이 계획

 하루 평가

- 목표와 주간계획을 확인했나요? ☐
- 오늘 해야 할 일을 우선순위에 따라 미리 결정했나요? ☐
- 공부에 방해되는 물건(컴퓨터, 만화책, 휴대폰 등)을 보이지 않게 치웠나요? ☐

1   할 일(과목):

시간 ( )시 ( )분 ~
     ( )시 ( )분
확인 ○ △ ✕

2   할 일(과목):

시간 ( )시 ( )분 ~
     ( )시 ( )분
확인 ○ △ ✕

3   할 일(과목):

시간 ( )시 ( )분 ~
     ( )시 ( )분
확인 ○ △ ✕

4   할 일(과목):

시간 ( )시 ( )분 ~
     ( )시 ( )분
확인 ○ △ ✕

5   할 일(과목):

시간 ( )시 ( )분 ~
     ( )시 ( )분
확인 ○ △ ✕

6   할 일(과목):

시간 ( )시 ( )분 ~
     ( )시 ( )분
확인 ○ △ ✕

7   할 일(과목):

시간 ( )시 ( )분 ~
     ( )시 ( )분
확인 ○ △ ✕

메모 / 잡생각 휴지통

 놀이 계획

 하루 평가

Saturday 토요일   월   일

- 목표와 주간계획을 확인했나요? ☐
- 오늘 해야 할 일을 우선순위에 따라 미리 결정했나요? ☐
- 공부에 방해되는 물건(컴퓨터, 만화책, 휴대폰 등)을 보이지 않게 치웠나요? ☐

1
할 일(과목):

시간 (   )시 (   )분 ~
　　 (   )시 (   )분
확인 ○ △ ✕

2
할 일(과목):

시간 (   )시 (   )분 ~
　　 (   )시 (   )분
확인 ○ △ ✕

3
할 일(과목):

시간 (   )시 (   )분 ~
　　 (   )시 (   )분
확인 ○ △ ✕

4
할 일(과목):

시간 (   )시 (   )분 ~
　　 (   )시 (   )분
확인 ○ △ ✕

5
할 일(과목):

시간 (   )시 (   )분 ~
　　 (   )시 (   )분
확인 ○ △ ✕

6
할 일(과목):

시간 (   )시 (   )분 ~
　　 (   )시 (   )분
확인 ○ △ ✕

7
할 일(과목):

시간 (   )시 (   )분 ~
　　 (   )시 (   )분
확인 ○ △ ✕

메모 / 잡생각 휴지통

 놀이 계획

 하루 평가

- 목표와 주간계획을 확인했나요? ☐
- 오늘 해야 할 일을 우선순위에 따라 미리 결정했나요? ☐
- 공부에 방해되는 물건(컴퓨터, 만화책, 휴대폰 등)을 보이지 않게 치웠나요? ☐

1 할 일(과목):
시간 ( )시 ( )분 ~
( )시 ( )분
확인 ○ △ ✕

2 할 일(과목):
시간 ( )시 ( )분 ~
( )시 ( )분
확인 ○ △ ✕

3 할 일(과목):
시간 ( )시 ( )분 ~
( )시 ( )분
확인 ○ △ ✕

4 할 일(과목):
시간 ( )시 ( )분 ~
( )시 ( )분
확인 ○ △ ✕

5 할 일(과목):
시간 ( )시 ( )분 ~
( )시 ( )분
확인 ○ △ ✕

6 할 일(과목):
시간 ( )시 ( )분 ~
( )시 ( )분
확인 ○ △ ✕

7 할 일(과목):
시간 ( )시 ( )분 ~
( )시 ( )분
확인 ○ △ ✕

메모 / 잡생각 휴지통

 놀이 계획

 하루 평가

나의 진로
목표

나의 성적   평균 (점) → (점)
목표   성적 (등급) → (등급)

기본시간표

	월( )	화( )	수( )	목( )	금( )	토( )	일( )
01:00							
02:00							
03:00							
04:00							
05:00							
06:00							
07:00							
08:00							
09:00							
10:00							
11:00							
12:00							
01:00							
02:00							
03:00							
04:00							
05:00							
06:00							
07:00							
08:00							
09:00							
10:00							
11:00							
12:00							
01:00							

오전 / 오후

가용시간

주간계획

이번 주 총가용시간 _____시간   목표학습시간 _____시간

목표과목	시간	기타 일정	시간

Monday 월요일 　　월　　　일

- 목표와 주간계획을 확인했나요? □
- 오늘 해야 할 일을 우선순위에 따라 미리 결정했나요? □
- 공부에 방해되는 물건(컴퓨터, 만화책, 휴대폰 등)을 보이지 않게 치웠나요? □

1　할 일(과목):　　　　　　　　　　　　　　　　　시간 (　　)시 (　　)분 ~
　　　　　　　　　　　　　　　　　　　　　　　　　　　　　 (　　)시 (　　)분
　　　　　　　　　　　　　　　　　　　　　　　　확인 ○ △ ✕

2　할 일(과목):　　　　　　　　　　　　　　　　　시간 (　　)시 (　　)분 ~
　　　　　　　　　　　　　　　　　　　　　　　　　　　　　 (　　)시 (　　)분
　　　　　　　　　　　　　　　　　　　　　　　　확인 ○ △ ✕

3　할 일(과목):　　　　　　　　　　　　　　　　　시간 (　　)시 (　　)분 ~
　　　　　　　　　　　　　　　　　　　　　　　　　　　　　 (　　)시 (　　)분
　　　　　　　　　　　　　　　　　　　　　　　　확인 ○ △ ✕

4　할 일(과목):　　　　　　　　　　　　　　　　　시간 (　　)시 (　　)분 ~
　　　　　　　　　　　　　　　　　　　　　　　　　　　　　 (　　)시 (　　)분
　　　　　　　　　　　　　　　　　　　　　　　　확인 ○ △ ✕

5　할 일(과목):　　　　　　　　　　　　　　　　　시간 (　　)시 (　　)분 ~
　　　　　　　　　　　　　　　　　　　　　　　　　　　　　 (　　)시 (　　)분
　　　　　　　　　　　　　　　　　　　　　　　　확인 ○ △ ✕

6　할 일(과목):　　　　　　　　　　　　　　　　　시간 (　　)시 (　　)분 ~
　　　　　　　　　　　　　　　　　　　　　　　　　　　　　 (　　)시 (　　)분
　　　　　　　　　　　　　　　　　　　　　　　　확인 ○ △ ✕

7　할 일(과목):　　　　　　　　　　　　　　　　　시간 (　　)시 (　　)분 ~
　　　　　　　　　　　　　　　　　　　　　　　　　　　　　 (　　)시 (　　)분
　　　　　　　　　　　　　　　　　　　　　　　　확인 ○ △ ✕

메모 / 잡생각 휴지통 　　　　　 놀이 계획

 하루 평가

Tuesday 화요일   월   일

- 목표와 주간계획을 확인했나요? ☐
- 오늘 해야 할 일을 우선순위에 따라 미리 결정했나요? ☐
- 공부에 방해되는 물건(컴퓨터, 만화책, 휴대폰 등)을 보이지 않게 치웠나요? ☐

1 할 일(과목):

시간 (   )시 (   )분 ~
(   )시 (   )분
확인 ○ △ ✕

2 할 일(과목):

시간 (   )시 (   )분 ~
(   )시 (   )분
확인 ○ △ ✕

3 할 일(과목):

시간 (   )시 (   )분 ~
(   )시 (   )분
확인 ○ △ ✕

4 할 일(과목):

시간 (   )시 (   )분 ~
(   )시 (   )분
확인 ○ △ ✕

5 할 일(과목):

시간 (   )시 (   )분 ~
(   )시 (   )분
확인 ○ △ ✕

6 할 일(과목):

시간 (   )시 (   )분 ~
(   )시 (   )분
확인 ○ △ ✕

7 할 일(과목):

시간 (   )시 (   )분 ~
(   )시 (   )분
확인 ○ △ ✕

메모 / 잡생각 휴지통

 놀이 계획

 하루 평가

Wednesday 수요일 | 월 일

1 할 일(과목):
시간 ( )시 ( )분 ~
( )시 ( )분
확인 ○ △ ✕

2 할 일(과목):
시간 ( )시 ( )분 ~
( )시 ( )분
확인 ○ △ ✕

3 할 일(과목):
시간 ( )시 ( )분 ~
( )시 ( )분
확인 ○ △ ✕

4 할 일(과목):
시간 ( )시 ( )분 ~
( )시 ( )분
확인 ○ △ ✕

5 할 일(과목):
시간 ( )시 ( )분 ~
( )시 ( )분
확인 ○ △ ✕

6 할 일(과목):
시간 ( )시 ( )분 ~
( )시 ( )분
확인 ○ △ ✕

7 할 일(과목):
시간 ( )시 ( )분 ~
( )시 ( )분
확인 ○ △ ✕

메모 / 잡생각 휴지통

 놀이 계획

 하루 평가

Thursday 목요일 ｜ 월 일

- 목표와 주간계획을 확인했나요? ☐
- 오늘 해야 할 일을 우선순위에 따라 미리 결정했나요? ☐
- 공부에 방해되는 물건(컴퓨터, 만화책, 휴대폰 등)을 보이지 않게 치웠나요? ☐

1
할 일(과목):
시간 ( )시 ( )분 ~
( )시 ( )분
확인 ○ △ ✕

2
할 일(과목):
시간 ( )시 ( )분 ~
( )시 ( )분
확인 ○ △ ✕

3
할 일(과목):
시간 ( )시 ( )분 ~
( )시 ( )분
확인 ○ △ ✕

4
할 일(과목):
시간 ( )시 ( )분 ~
( )시 ( )분
확인 ○ △ ✕

5
할 일(과목):
시간 ( )시 ( )분 ~
( )시 ( )분
확인 ○ △ ✕

6
할 일(과목):
시간 ( )시 ( )분 ~
( )시 ( )분
확인 ○ △ ✕

7
할 일(과목):
시간 ( )시 ( )분 ~
( )시 ( )분
확인 ○ △ ✕

메모 / 잡생각 휴지통

 놀이 계획

 하루 평가

Friday 금요일 | 월   일

- 목표와 주간계획을 확인했나요? ☐
- 오늘 해야 할 일을 우선순위에 따라 미리 결정했나요? ☐
- 공부에 방해되는 물건(컴퓨터, 만화책, 휴대폰 등)을 보이지 않게 치웠나요? ☐

1
할 일(과목):

시간 (   )시 (   )분 ~
     (   )시 (   )분
확인 ○ △ ✕

2
할 일(과목):

시간 (   )시 (   )분 ~
     (   )시 (   )분
확인 ○ △ ✕

3
할 일(과목):

시간 (   )시 (   )분 ~
     (   )시 (   )분
확인 ○ △ ✕

4
할 일(과목):

시간 (   )시 (   )분 ~
     (   )시 (   )분
확인 ○ △ ✕

5
할 일(과목):

시간 (   )시 (   )분 ~
     (   )시 (   )분
확인 ○ △ ✕

6
할 일(과목):

시간 (   )시 (   )분 ~
     (   )시 (   )분
확인 ○ △ ✕

7
할 일(과목):

시간 (   )시 (   )분 ~
     (   )시 (   )분
확인 ○ △ ✕

메모 / 잡생각 휴지통

 놀이 계획

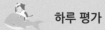 하루 평가

- 목표와 주간계획을 확인했나요? □
- 오늘 해야 할 일을 우선순위에 따라 미리 결정했나요? □
- 공부에 방해되는 물건(컴퓨터, 만화책, 휴대폰 등)을 보이지 않게 치웠나요? □

1 할 일(과목):

시간 (　　)시 (　　)분 ~
　　 (　　)시 (　　)분

확인 ○ △ X

2 할 일(과목):

시간 (　　)시 (　　)분 ~
　　 (　　)시 (　　)분

확인 ○ △ X

3 할 일(과목):

시간 (　　)시 (　　)분 ~
　　 (　　)시 (　　)분

확인 ○ △ X

4 할 일(과목):

시간 (　　)시 (　　)분 ~
　　 (　　)시 (　　)분

확인 ○ △ X

5 할 일(과목):

시간 (　　)시 (　　)분 ~
　　 (　　)시 (　　)분

확인 ○ △ X

6 할 일(과목):

시간 (　　)시 (　　)분 ~
　　 (　　)시 (　　)분

확인 ○ △ X

7 할 일(과목):

시간 (　　)시 (　　)분 ~
　　 (　　)시 (　　)분

확인 ○ △ X

메모 / 잡생각 휴지통

 놀이 계획

 하루 평가

Sunday 일요일   월   일

- 목표와 주간계획을 확인했나요? ☐
- 오늘 해야 할 일을 우선순위에 따라 미리 결정했나요? ☐
- 공부에 방해되는 물건(컴퓨터, 만화책, 휴대폰 등)을 보이지 않게 치웠나요? ☐

1	할 일(과목):	시간 ( )시 ( )분 ~ ( )시 ( )분 확인 ○ △ ✕
2	할 일(과목):	시간 ( )시 ( )분 ~ ( )시 ( )분 확인 ○ △ ✕
3	할 일(과목):	시간 ( )시 ( )분 ~ ( )시 ( )분 확인 ○ △ ✕
4	할 일(과목):	시간 ( )시 ( )분 ~ ( )시 ( )분 확인 ○ △ ✕
5	할 일(과목):	시간 ( )시 ( )분 ~ ( )시 ( )분 확인 ○ △ ✕
6	할 일(과목):	시간 ( )시 ( )분 ~ ( )시 ( )분 확인 ○ △ ✕
7	할 일(과목):	시간 ( )시 ( )분 ~ ( )시 ( )분 확인 ○ △ ✕

메모 / 잡생각 휴지통

 놀이 계획

 하루 평가

나의 진로
목표

나의 성적   평균 (점) ⌐ (점)
목표   성적 (등급) ⌐ (등급)

기본시간표

	월( )	화( )	수( )	목( )	금( )	토( )	일( )
01:00							
02:00							
03:00							
04:00							
05:00							
06:00							
07:00							
08:00							
09:00							
10:00							
11:00							
12:00							
01:00							
02:00							
03:00							
04:00							
05:00							
06:00							
07:00							
08:00							
09:00							
10:00							
11:00							
12:00							
01:00							

오전 / 오후

가용시간

주간계획

이번 주 총가용시간 _____ 시간   목표학습시간 _____ 시간

목표과목	시간	기타 일정	시간

Monday 월요일   월   일

- 목표와 주간계획을 확인했나요? ☐
- 오늘 해야 할 일을 우선순위에 따라 미리 결정했나요? ☐
- 공부에 방해되는 물건(컴퓨터, 만화책, 휴대폰 등)을 보이지 않게 치웠나요? ☐

1	할 일(과목):	시간 ( )시 ( )분 ~ ( )시 ( )분 확인 ○ △ ✕
2	할 일(과목):	시간 ( )시 ( )분 ~ ( )시 ( )분 확인 ○ △ ✕
3	할 일(과목):	시간 ( )시 ( )분 ~ ( )시 ( )분 확인 ○ △ ✕
4	할 일(과목):	시간 ( )시 ( )분 ~ ( )시 ( )분 확인 ○ △ ✕
5	할 일(과목):	시간 ( )시 ( )분 ~ ( )시 ( )분 확인 ○ △ ✕
6	할 일(과목):	시간 ( )시 ( )분 ~ ( )시 ( )분 확인 ○ △ ✕
7	할 일(과목):	시간 ( )시 ( )분 ~ ( )시 ( )분 확인 ○ △ ✕

메모 / 잡생각 휴지통

 놀이 계획

 하루 평가

- 목표와 주간계획을 확인했나요? ☐
- 오늘 해야 할 일을 우선순위에 따라 미리 결정했나요? ☐
- 공부에 방해되는 물건(컴퓨터, 만화책, 휴대폰 등)을 보이지 않게 치웠나요? ☐

1	할 일(과목):	시간 (　　)시 (　　)분 ~ 　　　 (　　)시 (　　)분 확인　○　△　✕
2	할 일(과목):	시간 (　　)시 (　　)분 ~ 　　　 (　　)시 (　　)분 확인　○　△　✕
3	할 일(과목):	시간 (　　)시 (　　)분 ~ 　　　 (　　)시 (　　)분 확인　○　△　✕
4	할 일(과목):	시간 (　　)시 (　　)분 ~ 　　　 (　　)시 (　　)분 확인　○　△　✕
5	할 일(과목):	시간 (　　)시 (　　)분 ~ 　　　 (　　)시 (　　)분 확인　○　△　✕
6	할 일(과목):	시간 (　　)시 (　　)분 ~ 　　　 (　　)시 (　　)분 확인　○　△　✕
7	할 일(과목):	시간 (　　)시 (　　)분 ~ 　　　 (　　)시 (　　)분 확인　○　△　✕

메모 / 잡생각 휴지통

 놀이 계획

 하루 평가

Wednesday 수요일 | 월 일

- 목표와 주간계획을 확인했나요? □
- 오늘 해야 할 일을 우선순위에 따라 미리 결정했나요? □
- 공부에 방해되는 물건(컴퓨터, 만화책, 휴대폰 등)을 보이지 않게 치웠나요? □

1 할 일(과목):

시간 ( )시 ( )분 ~
( )시 ( )분
확인 ○ △ ✕

2 할 일(과목):

시간 ( )시 ( )분 ~
( )시 ( )분
확인 ○ △ ✕

3 할 일(과목):

시간 ( )시 ( )분 ~
( )시 ( )분
확인 ○ △ ✕

4 할 일(과목):

시간 ( )시 ( )분 ~
( )시 ( )분
확인 ○ △ ✕

5 할 일(과목):

시간 ( )시 ( )분 ~
( )시 ( )분
확인 ○ △ ✕

6 할 일(과목):

시간 ( )시 ( )분 ~
( )시 ( )분
확인 ○ △ ✕

7 할 일(과목):

시간 ( )시 ( )분 ~
( )시 ( )분
확인 ○ △ ✕

메모 / 잡생각 휴지통

 놀이 계획

 하루 평가

- 목표와 주간계획을 확인했나요? ☐
- 오늘 해야 할 일을 우선순위에 따라 미리 결정했나요? ☐
- 공부에 방해되는 물건(컴퓨터, 만화책, 휴대폰 등)을 보이지 않게 치웠나요? ☐

1 할 일(과목): 　　　　　　　　　　　　　　　　시간 ( )시 ( )분 ~
( )시 ( )분
확인 ○ △ ✕

2 할 일(과목): 　　　　　　　　　　　　　　　　시간 ( )시 ( )분 ~
( )시 ( )분
확인 ○ △ ✕

3 할 일(과목): 　　　　　　　　　　　　　　　　시간 ( )시 ( )분 ~
( )시 ( )분
확인 ○ △ ✕

4 할 일(과목): 　　　　　　　　　　　　　　　　시간 ( )시 ( )분 ~
( )시 ( )분
확인 ○ △ ✕

5 할 일(과목): 　　　　　　　　　　　　　　　　시간 ( )시 ( )분 ~
( )시 ( )분
확인 ○ △ ✕

6 할 일(과목): 　　　　　　　　　　　　　　　　시간 ( )시 ( )분 ~
( )시 ( )분
확인 ○ △ ✕

7 할 일(과목): 　　　　　　　　　　　　　　　　시간 ( )시 ( )분 ~
( )시 ( )분
확인 ○ △ ✕

메모 / 잡생각 휴지통

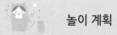 놀이 계획

 하루 평가

Friday 금요일   월   일

- 목표와 주간계획을 확인했나요? ☐
- 오늘 해야 할 일을 우선순위에 따라 미리 결정했나요? ☐
- 공부에 방해되는 물건(컴퓨터, 만화책, 휴대폰 등)을 보이지 않게 치웠나요? ☐

1   할 일(과목):

시간 ( )시 ( )분 ~
( )시 ( )분
확인 ○ △ ✕

2   할 일(과목):

시간 ( )시 ( )분 ~
( )시 ( )분
확인 ○ △ ✕

3   할 일(과목):

시간 ( )시 ( )분 ~
( )시 ( )분
확인 ○ △ ✕

4   할 일(과목):

시간 ( )시 ( )분 ~
( )시 ( )분
확인 ○ △ ✕

5   할 일(과목):

시간 ( )시 ( )분 ~
( )시 ( )분
확인 ○ △ ✕

6   할 일(과목):

시간 ( )시 ( )분 ~
( )시 ( )분
확인 ○ △ ✕

7   할 일(과목):

시간 ( )시 ( )분 ~
( )시 ( )분
확인 ○ △ ✕

메모 / 잡생각 휴지통

 놀이 계획

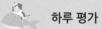 하루 평가

- 목표와 주간계획을 확인했나요? ☐
- 오늘 해야 할 일을 우선순위에 따라 미리 결정했나요? ☐
- 공부에 방해되는 물건(컴퓨터, 만화책, 휴대폰 등)을 보이지 않게 치웠나요? ☐

1 할 일(과목):
시간 (　　)시 (　　)분 ~ (　　)시 (　　)분
확인 ○ △ ✕

2 할 일(과목):
시간 (　　)시 (　　)분 ~ (　　)시 (　　)분
확인 ○ △ ✕

3 할 일(과목):
시간 (　　)시 (　　)분 ~ (　　)시 (　　)분
확인 ○ △ ✕

4 할 일(과목):
시간 (　　)시 (　　)분 ~ (　　)시 (　　)분
확인 ○ △ ✕

5 할 일(과목):
시간 (　　)시 (　　)분 ~ (　　)시 (　　)분
확인 ○ △ ✕

6 할 일(과목):
시간 (　　)시 (　　)분 ~ (　　)시 (　　)분
확인 ○ △ ✕

7 할 일(과목):
시간 (　　)시 (　　)분 ~ (　　)시 (　　)분
확인 ○ △ ✕

메모 / 잡생각 휴지통

 놀이 계획

 하루 평가

- 목표와 주간계획을 확인했나요? □
- 오늘 해야 할 일을 우선순위에 따라 미리 결정했나요? □
- 공부에 방해되는 물건(컴퓨터, 만화책, 휴대폰 등)을 보이지 않게 치웠나요? □

1   할 일(과목):

시간 ( )시 ( )분 ~
( )시 ( )분
확인 ○ △ X

2   할 일(과목):

시간 ( )시 ( )분 ~
( )시 ( )분
확인 ○ △ X

3   할 일(과목):

시간 ( )시 ( )분 ~
( )시 ( )분
확인 ○ △ X

4   할 일(과목):

시간 ( )시 ( )분 ~
( )시 ( )분
확인 ○ △ X

5   할 일(과목):

시간 ( )시 ( )분 ~
( )시 ( )분
확인 ○ △ X

6   할 일(과목):

시간 ( )시 ( )분 ~
( )시 ( )분
확인 ○ △ X

7   할 일(과목):

시간 ( )시 ( )분 ~
( )시 ( )분
확인 ○ △ X

메모 / 잡생각 휴지통

 놀이 계획

 하루 평가

월   째 주

나의 진로 |
목표 |

나의 성적 | 평균 (점) → (점)
목표 | 성적 (등급) → (등급)

기본시간표

	월( )	화( )	수( )	목( )	금( )	토( )	일( )
01:00							
02:00							
03:00							
04:00							
05:00							
06:00							
07:00							
08:00							
09:00							
10:00							
11:00							
12:00							
01:00							
02:00							
03:00							
04:00							
05:00							
06:00							
07:00							
08:00							
09:00							
10:00							
11:00							
12:00							
01:00							

오전 / 오후

가용시간

🏛 주간계획

이번 주 총가용시간 _____ 시간   목표학습시간 _____ 시간

목표과목	시간	기타 일정	시간

Monday 월요일　　　월　　　일

1　할 일(과목):　　　　　　　　　　시간 (　　)시 (　　)분 ~
　　　　　　　　　　　　　　　　　　　　　　　(　　)시 (　　)분
　　　　　　　　　　　　　　　　　　　확인 ○ △ ✕

2　할 일(과목):　　　　　　　　　　시간 (　　)시 (　　)분 ~
　　　　　　　　　　　　　　　　　　　　　　　(　　)시 (　　)분
　　　　　　　　　　　　　　　　　　　확인 ○ △ ✕

3　할 일(과목):　　　　　　　　　　시간 (　　)시 (　　)분 ~
　　　　　　　　　　　　　　　　　　　　　　　(　　)시 (　　)분
　　　　　　　　　　　　　　　　　　　확인 ○ △ ✕

4　할 일(과목):　　　　　　　　　　시간 (　　)시 (　　)분 ~
　　　　　　　　　　　　　　　　　　　　　　　(　　)시 (　　)분
　　　　　　　　　　　　　　　　　　　확인 ○ △ ✕

5　할 일(과목):　　　　　　　　　　시간 (　　)시 (　　)분 ~
　　　　　　　　　　　　　　　　　　　　　　　(　　)시 (　　)분
　　　　　　　　　　　　　　　　　　　확인 ○ △ ✕

6　할 일(과목):　　　　　　　　　　시간 (　　)시 (　　)분 ~
　　　　　　　　　　　　　　　　　　　　　　　(　　)시 (　　)분
　　　　　　　　　　　　　　　　　　　확인 ○ △ ✕

7　할 일(과목):　　　　　　　　　　시간 (　　)시 (　　)분 ~
　　　　　　　　　　　　　　　　　　　　　　　(　　)시 (　　)분
　　　　　　　　　　　　　　　　　　　확인 ○ △ ✕

메모 / 잡생각 휴지통 　　　　　 놀이 계획

 하루 평가

Tuesday 화요일 　　월　　일

- 목표와 주간계획을 확인했나요? ☐
- 오늘 해야 할 일을 우선순위에 따라 미리 결정했나요? ☐
- 공부에 방해되는 물건(컴퓨터, 만화책, 휴대폰 등)을 보이지 않게 치웠나요? ☐

1	할 일(과목):	시간 (　　)시 (　　)분 ~ 　　 (　　)시 (　　)분 확인 ○ △ ✕
2	할 일(과목):	시간 (　　)시 (　　)분 ~ 　　 (　　)시 (　　)분 확인 ○ △ ✕
3	할 일(과목):	시간 (　　)시 (　　)분 ~ 　　 (　　)시 (　　)분 확인 ○ △ ✕
4	할 일(과목):	시간 (　　)시 (　　)분 ~ 　　 (　　)시 (　　)분 확인 ○ △ ✕
5	할 일(과목):	시간 (　　)시 (　　)분 ~ 　　 (　　)시 (　　)분 확인 ○ △ ✕
6	할 일(과목):	시간 (　　)시 (　　)분 ~ 　　 (　　)시 (　　)분 확인 ○ △ ✕
7	할 일(과목):	시간 (　　)시 (　　)분 ~ 　　 (　　)시 (　　)분 확인 ○ △ ✕

메모 / 잡생각 휴지통

 놀이 계획

 하루 평가

Wednesday 수요일 | 월   일

- 목표와 주간계획을 확인했나요? ☐
- 오늘 해야 할 일을 우선순위에 따라 미리 결정했나요? ☐
- 공부에 방해되는 물건(컴퓨터, 만화책, 휴대폰 등)을 보이지 않게 치웠나요? ☐

1
할 일(과목):

시간 (   )시 (   )분 ~
     (   )시 (   )분
확인 ○ △ ✕

2
할 일(과목):

시간 (   )시 (   )분 ~
     (   )시 (   )분
확인 ○ △ ✕

3
할 일(과목):

시간 (   )시 (   )분 ~
     (   )시 (   )분
확인 ○ △ ✕

4
할 일(과목):

시간 (   )시 (   )분 ~
     (   )시 (   )분
확인 ○ △ ✕

5
할 일(과목):

시간 (   )시 (   )분 ~
     (   )시 (   )분
확인 ○ △ ✕

6
할 일(과목):

시간 (   )시 (   )분 ~
     (   )시 (   )분
확인 ○ △ ✕

7
할 일(과목):

시간 (   )시 (   )분 ~
     (   )시 (   )분
확인 ○ △ ✕

메모 / 잡생각 휴지통

 놀이 계획

 하루 평가

Thursday 목요일 　　월　　일

1 할 일(과목): 　시간 (　)시 (　)분 ~ (　)시 (　)분
확인 ○ △ ✕

2 할 일(과목): 　시간 (　)시 (　)분 ~ (　)시 (　)분
확인 ○ △ ✕

3 할 일(과목): 　시간 (　)시 (　)분 ~ (　)시 (　)분
확인 ○ △ ✕

4 할 일(과목): 　시간 (　)시 (　)분 ~ (　)시 (　)분
확인 ○ △ ✕

5 할 일(과목): 　시간 (　)시 (　)분 ~ (　)시 (　)분
확인 ○ △ ✕

6 할 일(과목): 　시간 (　)시 (　)분 ~ (　)시 (　)분
확인 ○ △ ✕

7 할 일(과목): 　시간 (　)시 (　)분 ~ (　)시 (　)분
확인 ○ △ ✕

메모 / 잡생각 휴지통 　　　　　　 놀이 계획

 하루 평가

Friday 금요일   월   일

- 목표와 주간계획을 확인했나요? ☐
- 오늘 해야 할 일을 우선순위에 따라 미리 결정했나요? ☐
- 공부에 방해되는 물건(컴퓨터, 만화책, 휴대폰 등)을 보이지 않게 치웠나요? ☐

1 할 일(과목):
시간 ( )시 ( )분 ~
( )시 ( )분
확인 ○ △ ✕

2 할 일(과목):
시간 ( )시 ( )분 ~
( )시 ( )분
확인 ○ △ ✕

3 할 일(과목):
시간 ( )시 ( )분 ~
( )시 ( )분
확인 ○ △ ✕

4 할 일(과목):
시간 ( )시 ( )분 ~
( )시 ( )분
확인 ○ △ ✕

5 할 일(과목):
시간 ( )시 ( )분 ~
( )시 ( )분
확인 ○ △ ✕

6 할 일(과목):
시간 ( )시 ( )분 ~
( )시 ( )분
확인 ○ △ ✕

7 할 일(과목):
시간 ( )시 ( )분 ~
( )시 ( )분
확인 ○ △ ✕

메모 / 잡생각 휴지통    놀이 계획

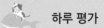 하루 평가

Saturday 토요일 　 월 　 일

- 목표와 주간계획을 확인했나요? □
- 오늘 해야 할 일을 우선순위에 따라 미리 결정했나요? □
- 공부에 방해되는 물건(컴퓨터, 만화책, 휴대폰 등)을 보이지 않게 치웠나요? □

	할 일(과목):	시간 ( )시 ( )분 ~ ( )시 ( )분 확인 ○ △ ✕
1		
2	할 일(과목):	시간 ( )시 ( )분 ~ ( )시 ( )분 확인 ○ △ ✕
3	할 일(과목):	시간 ( )시 ( )분 ~ ( )시 ( )분 확인 ○ △ ✕
4	할 일(과목):	시간 ( )시 ( )분 ~ ( )시 ( )분 확인 ○ △ ✕
5	할 일(과목):	시간 ( )시 ( )분 ~ ( )시 ( )분 확인 ○ △ ✕
6	할 일(과목):	시간 ( )시 ( )분 ~ ( )시 ( )분 확인 ○ △ ✕
7	할 일(과목):	시간 ( )시 ( )분 ~ ( )시 ( )분 확인 ○ △ ✕

메모 / 잡생각 휴지통

 놀이 계획

 하루 평가

- 목표와 주간계획을 확인했나요? ☐
- 오늘 해야 할 일을 우선순위에 따라 미리 결정했나요? ☐
- 공부에 방해되는 물건(컴퓨터, 만화책, 휴대폰 등)을 보이지 않게 치웠나요? ☐

1 할 일(과목): 시간 ( )시 ( )분 ~ ( )시 ( )분
확인 ○ △ ✕

2 할 일(과목): 시간 ( )시 ( )분 ~ ( )시 ( )분
확인 ○ △ ✕

3 할 일(과목): 시간 ( )시 ( )분 ~ ( )시 ( )분
확인 ○ △ ✕

4 할 일(과목): 시간 ( )시 ( )분 ~ ( )시 ( )분
확인 ○ △ ✕

5 할 일(과목): 시간 ( )시 ( )분 ~ ( )시 ( )분
확인 ○ △ ✕

6 할 일(과목): 시간 ( )시 ( )분 ~ ( )시 ( )분
확인 ○ △ ✕

7 할 일(과목): 시간 ( )시 ( )분 ~ ( )시 ( )분
확인 ○ △ ✕

메모 / 잡생각 휴지통

 놀이 계획

 하루 평가

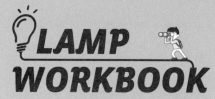

LAMP WORKBOOK
Learning Ability Management Program

PART 1 ME *Motivation Enhancement Program*
동기 및 목표 향상 프로그램 〈교사용〉 〈학생용〉

PART 2 TE *Time management Enhancement Program*
시간관리 능력 향상 프로그램 〈교사용〉 〈학생용〉

PART 3 CE *Concentration Enhancement Program*
집중력 향상 프로그램 〈교사용〉 〈학생용〉

PART 4 IE *Information Processing Enhancement Program*
정보처리 능력 향상 프로그램 〈교사용〉 〈학생용〉

PART 5 EE *Examination Preparation Enhancement Program*
시험준비 능력 향상 프로그램 〈교사용〉 〈학생용〉

PART 1~5 각 교사용 12,000원 / 학생용 8,000원 • **전권** 100,000원

ABOUT ME

Name

School

Cellphone

Address

E-mail

자!
꾸준히 실천해 봅시다!

LAMP

학습플래너

2014년 10월 20일 1판 1쇄 발행
2022년 6월 10일 1판 6쇄 발행

지은이 • 박 동 혁
펴낸이 • 김 진 환
펴낸곳 • (주) **학지사**
　　　　04031 서울특별시 마포구 양화로 15길 20 마인드월드빌딩 5층
대표전화 • 02) 330-5114　　팩스 • 02) 324-2345
등록번호 • 제313-2006-000265호
홈페이지 • http://www.hakjisa.co.kr
페이스북 • https://www.facebook.com/hakjisabook

ISBN 978-89-997-0542-7 04370
　　　978-89-997-0401-7 (set)

정가 **10,000원**

이 도서의 국립중앙도서관 출판시도서목록(CIP)은 서지정보유통지원시스템
홈페이지(http://seoji.nl.go.kr)와 국가자료공동목록시스템(http://www.nl.go.kr/kolisnet)
에서 이용하실 수 있습니다.
(CIP제어번호: CIP2014028190)

출판미디어기업 학지사

간호보건의학출판 **학지사메디컬** www.hakjisamd.co.kr
심리검사연구소 **인싸이트** www.inpsyt.co.kr
학술논문서비스 **뉴논문** www.newnonmun.com
원격교육연수원 **카운피아** www.counpia.com